U1010763

法律行为解释之方法

——兼论意思表示理论

【当代德国法学名著】

编译委员会主任

米　健

编译委员会成员

王洪亮　冯　军

田士永　米　健

邵建东　张　彤

郑永流　舒国滢

本书责任编委

邵建东

编辑部主任

张　彤

编辑部副主任

沈建峰　刘　铭

编辑部成员

刘　铭　沈建峰

张　彤　钟云龙

颜晶晶　傅广宇

王　萍

选题推荐人、顾问

伯阳/科隆大学

Björn Ahl, Universität Köln

乌韦·布劳洛克/弗莱堡大学

Uwe Blaurock, Universität Freiburg

何意志/科隆大学

Robert Heuser, Universität Köln

鲁尔夫·克努特尔/波恩大学

Rolf Knütel, Universität Bonn

赫尔穆特·科尔/法兰克福大学

Helmut Kohl, Universität Frankfurt

罗士安/明斯特大学

Sebastian Lohsse, Universität Münster

孟文理/帕骚大学

Ulrich Manthe, Universität Passau

胜雅律/弗莱堡大学

Harro von Senger, Universität Freiburg

当 代 德 国 法 学 名 著
Repräsentative Deutsche Rechtsliteratur der Gegenwart

法律行为解释之方法

——兼论意思表示理论

Die Methode der Auslegung des Rechtsgeschäfts

Zugleich ein Beitrag zur Theorie der Willenserklärung

[德] 卡尔·拉伦茨/著
Karl Larenz
范雪飞 吴训祥/译
邵建东/校

法律出版社
——— 北京 ———

译校者简介

范雪飞，法学博士、西南政法大学副教授。

吴训祥，图宾根大学博士研究生。

邵建东，南京大学教授、博士生导师。

版权声明

This is a Chinese translation of the original German work entitled Die Methode der Auslegung des Rechtsgeschäfts by Karl Larenz originally published by Alfred Metzner in 1966.
Die Methode der Auslegung des Rechtsgeschäfts Copyright © Alfred Metzner Verlag, Frankfurt a. M., Berlin 1966
Printed in Germany.
This Chinese version is published by Law Press China in 2018 under EU's Orphan work policy based on a failure of finding and reaching the proprietor after a reasonable diligent research over months. A reasonable licensing fee has been reserved for any proprietor of the original work.

本书翻译得到德意志学术交流中心
和德国科学基金协会的支持

**Die Übersetzung erfolgte mit
Unterstützung des DAAD und
des Stifterverbandes der Deutschen Wissenschaft**

当代德国法学名著总序

当代德国法学名著译事之缘起,在乎“取法人际,天道归一”之理念。

天地渺渺,众生芸芸;然天地何以长存不灭,众生何以繁衍不息?此中必有亘古于今之一般法则。天地者,自然之谓;众生者,乃自然所赋生灵之长,人也。而人所以居万物之首而为生灵之长,概因其不仅是生于自然,而且还能领悟于自然,进而以理性和智慧的劳动创造受益于自然。由此而论,天地间至真至善至美,莫过于人与自然之和谐融合。正如庄子所说:“知天之所为,知人之所为者,至矣。”而中国哲人所言“天人合一”,实际表明着人类的最高智慧和境界。但是,最高的智慧未必是功利的智慧,最高的境界往往不是现实的境界,此乃人类虽为万物灵长,但又归于万物的本性使然。尽管不无缺憾,但却理所当然。纵观古往今来,可知人类始终是在理想与现实、理性与物性的矛盾状态中存在发展。不过,人出于其自然本性但又以其理性确认的社会秩序,又使之在这种永远不会解消的矛盾状态中生存发展成为可能。

自古以来,食色之性、交往之需、名利之求、功德之义,无论国人洋人、权贵庶民,众生莫不有之;惟每人认取之价值,或此或彼因人因地因时而异。但基于人之本性所产生的社会,无论东方西方,必然有其共性。于是有老子的古训:"人法地,地法天,天法道,道法自然。"而希腊的斯多噶哲人也说:"按照自然而生活。"由此可知,同属自然之人类,本有其共同的理念与法则。以法律而言,中国、西方法律虽文化传统各异,然毕竟都是人类社会的法律,必然有其共同的人性内涵。所以,考察法律,应着眼超越地域、国度和民族,甚至超越时空的人际层面,努力发现本来属于整个人类的理念和规范,并在此基础上寻求并促进人与人、民族与民族、国家与国家之间越来越普遍深入的交往。吾人之规可为他人所取,他人之法可为吾人所用,概其皆出乎人之本性。所以"取法人际,天道归一",当为人类社会法律进步之最高思想境界。以迄今历史度之,人类生存发展的必然趋势是越来越普遍深入地相互结合和依赖,经济的全球化和文化的世界化正在相辅相成地迅速演进。在人类发展进程中,产生于人类本性的共性愈多愈充分地为人所认识,则人与人之间、国家与国家之间的交往就愈可能有效和平地进行。作为人类社会的行为规范,任何国家的法律都是人与人之间实现交往、确定关系及秩序的最重要途径。就此而论,可断言未来人类的发展与和平,很大程度上将取决于全人类在法律法则上的沟通与趋同。

本着取法人际或取法自然的理念,当代德国法学名著译事拟系统全面地翻译当代德国法学具有代表性的学术成果。因为德国法不仅为可取之一方法律,而且还与当代中国法制有着特殊的关联。事实上,当代中国大陆、台湾地区的法制是基于清末民初之际的法律改制发展而来。当时采纳了欧洲大陆法系法制模式,而其中又以汲取德国法律,特别是民法、刑法居多。不仅如此,20 世纪以来中国法制和法学的发展还颇受德国法制和法学的影响,现今中国法制和法学的不少思路实际都与后者有关联。因而,中国法制建设和法学进步自然更容易从德国法制与法学中获得启发。此外,由于近代德国历史法学派和学说汇纂学派对罗马法和罗马普通法的系统研究与整理,近现代德国法学形成并获得了其本身独有的特色,其丰富成熟的法律理论与教条,恰恰是目前乃至整个21世纪我国法学与法制建设所迫切需要的。

当代德国法学名著的选题范围包括法哲学和法的基本理论、国家法、法律史、民法和商法、经济法、刑法、国际私法等内容。选题标准是:德国乃至欧洲法律界已经普遍公认为经典的名著,或在德国普遍使用的有代表性的教科书。与此同时,亦根据我国的实际需要翻译介绍一些有关法律文化背景方面的工具书和著名法学家的传记。初步选题首先由德国学者提出,然后由编委会综合各方面意见,最后根据我国实际需要确定翻译选题。为保证翻译质量,翻译工作严格采取译、校和三审程序。每部译著由一责任编委审阅或校对。译稿一审通过后,编委会和编辑部就一审提出的问题召开由德国教授和有关译者参加的翻译工作会议;在此基础上,译者还专程前往德国与作者或有关学者探讨翻译的疑难和细节问题。在此方面,德意志学术交流中心(DAAD)提供了有力的支持。在赴德改稿基础上提出的第二稿通过二审后,由译者进一步修改、润色定稿,复经审阅后交付出版社。

系统翻译德国法学名著的想法由来已久,但正式酝酿于1997年秋,经过近一年的准备筹划,于1998年秋开始实施,拟于2005年完成全部选定书目的翻译。应该说,德意志学术交流中心的霍恩贝格尔先生(U. Hornberger)和法律出版社社长贾京平先生对促成此项翻译计划起了重要作用,黄闽总编辑亦助之鼎力。而此项翻译计划能够顺利实施,亦诚有赖编委会和编辑部各位同仁的共同志趣和辛勤工作。六位德国著名学者:考夫曼(A. Kaufmann)、克茨(H. Kötz)、克努特尔(R. Knütel)、何意志(R. Heuser)、孟文理(U. Manthe)和胜雅律(H. von Senger)教授在计划拟定、选题推荐和具体翻译工作中均给了我们宝贵帮助。德国大使馆柯灵博士(T. Klinner)、李雅思先生(M. Licharz)和毕满天先生(M. Biermann)以多种方式推动此项翻译计划。德意志学术交流中心驻京办事处主任史翰功先生(H. Schmidt)、施密特·多尔(T. Schmidt-Dörr)博士和该中心波恩总部的比尔克(Klaus Birk)博士亦对此计划给予了热情和有力的支持。德国跨国基金会(Inter Nationes)对部分书目的出版提供了支持。特别要提及的是,江平、谢怀栻、潘汉典等法学界前辈对于此项工作始终给予着关注和支持,中国政法大学有关部门亦对我们的工作提供了帮助。法律出版社张波、卞学琪先生对出版工作兢兢业业、认真负责。在此,谨对上述所有法律界同仁和有关机构表示由衷的谢意。我之所愿,所有参与此项计划和给予该计划关注和支持的人,都能从此处呈献的工作成果中得到虽非物质但却真实诚恳并有长久价值的酬劳。因为,倘若这些成果能够在21世纪中华崛起之际被赋予些微历史和现实意义的话,那么它将胜于所有致谢和嘉言。

米　健

2005年于京城蓟门

翻译凡例

《当代德国法学名著》丛书的翻译工作依下述规范进行：

一、结构

以原著标题编码为基础，采取国内学术著作与译著通常采用的标题编码顺序，如：编、章、节、一、（一）、1、（1）、a（a）。

二、译名

1. 人名

外国人名以音译为原则，依次参照商务印书馆的《德语姓名译名手册》、大百科全书出版社的《简明大不列颠百科全书》中文版、上海译文出版社的《德汉词典》所附的人名译名表和《外国人名词典》确定；上述工具书中没有的，参照商务印书馆的《德语姓名译名手册》所附的人名音译表确定译名。但上述工具书所确定的人名译名与学界通行的译法不一致时，以后者为准，如：T. Mommsen——蒙森；Kierkegaarde——克尔凯戈尔；Schopenhauer——叔本华；Justinianus——优士丁尼……按照上述方法仍然难以确定的译名，由“当代德国法学名著”编译委员会和编辑部讨论确定。

2. 地名

外国地名以音译为原则，一律根据中国地名委员会编、商务印书馆出版的《联邦德国地名译名手册》和中国大百科全书出版社出版的《世界地名录》确定译名。

3. 其他译名

书名、学派名、机构和团体名称一律以意译为原则，并且参照《简明不列颠百科全书》中文版和有关工具书确定译名。依照工具书未能确定者，依照通行译名确定。如：Digesten——学说汇纂、usus modernus pandectarum——学说汇纂现代实用、Historische Rechtsschule——历史法学派、Pandenktenwissenschaft——学说汇纂法学……

所有人名、地名、书名、专用术语及机构名称第一次出现时，均在圆括号内注明原文，重复出现时不再标明原文；人名重复出现时，仅取其姓氏中译或附加其名字中译的首字，如：迪·克斯勒(Dirk Käsler)。

三、相关规范

1. 重要概念或原文提示词句

原文正文中采用斜体或其他特殊字体的重要概念或提示文字，译文一律使用楷体，并用圆括号注明原文。原文中说明性文字或阐释性文字一律用小一号宋体排出。

2. 注释

(1)原文注释一律采用脚注，按原著注释顺序编码。一般采用连续编码或以章为单位连续编码的方法。

(2)译者注亦采用脚注，以“＊”号标出，如：＊、＊＊……凡译者注均列于原文脚注之后。

3. 补充性或说明性文字

原文中使用不同字体，具有注释、补充或说明性的字句或段落依据原文体例，或采用楷体，或提行采用小一号宋体，以示区别。

4. 争议名词和箴言或谚语

(1)有争议的名词在译文后用圆括号注明原文;

(2)箴言或谚语亦在译文后用圆括号注明原文;

(3)对争议名词、箴言和谚语附加必要的译者注并注明依据或来源。

5. 原文有边码者,译文按照原著标明边码。

四、标点符号

1. 书名号

著作、论文和期刊的名称均冠以书名号。

法律、法规名称使用全称的,使用书名号;使用简称的,不加书名号。

2. 引号

引号(包括单引号和双引号)的使用与原著一致。

3. 方括号

标明作者国籍,一般采用该国译名的第一个汉字,加方括号。

有必要重复使用括号时,方括号内使用圆括号。

4. 星号

仅在译者说明文字场合使用。

五、缩略语表

原著缩略语表均依原著体例译出以双语列于篇首。

六、索引和附录

1. 原著索引以双语形式保留,先外文后中文,并采用原著使用的顺序;索引文字所在页码以原著为线索,原则上按译文页码注明。

2. 原著的附录一般均作相应的译文附录。

缩略语

引述下列作品时仅注明作者的名字：

丹茨：《法律行为解释》，第3版。

Danz：Die Auslegung der Rechtsgeschäfte. 3. Auflage.

恩内克策鲁斯：《民法教科书》，第30－34版，第1卷，第一部分（总论）。

Enneccerus：Lehrbuch des bürgerlichen Rechts. 30.－34. Auflage. Bd. I，Teil 1.（Allgemeiner Teil）

亨勒：《法律上意思表示理论中的认识论与意思论》。

Henle：Vorstellungs-und Willenstheorie in der Lehre von der juristischen Willenserklärung.

马尼希克：《错误与解释》。

Manigk：Irrtum und Auslegung.

厄尔特曼，《评注》：《德国民法典总则编》，第3版。

Oertmann，Kommentar：Der allgemeine Teil des B. G. B. 3 Auflage.

厄尔特曼：《法秩序与交易习惯》。

Oertmann，R. O. u. V. S.：Rechtsordnung und Verkehrssitte.

蒂策:《误解论》。

Titze:Die Lehre vom Mißverständnis.

冯·图尔:《德国民法总论》,第2卷,第1部分。

v. Tuhr:Der allgemeine Teil des deutschen bürgerlichen Rechts, Band Ⅱ,Teil 1.

前　言

本文是作者在哥廷根大学法学与国家学系（Rechts-und Staatswissenschaftliche Fakultät）的教授资格论文，它的产生主要归因于作者对方法论和体系化的兴趣——作者致力于阐释概念构成（Begriffsbildung）的逻辑特征，而这是体系性法学（systematische Rechtswissenschaft）所必需的，由此看来本文的使命因此就正好在于满足人们对于受到方法论保障的法律适用的需求。因此，本文之重点，更多的不是对现行法律状况进行阐释，也较少对具体情形进行决疑论分析，而毋宁是阐释（意思表示解释之）指导性原则的变迁和对相关问题进行概念性把握。本文在考察时，着眼的是现行德国私法，考察的结果也欲仅仅直接适用于德国私法，但是它必然会超越德国私法的范围，因为接下来所要探究的问题,如意思(Wille)与表示(Erklärung)* 的关系、主观解释与客观解释的关系等,是“永恒使命”(ewiger Aufgaben)意义上的永恒法学问题**,此类问题不限定于某种单个的实证法,也几乎不可能被人们所穷尽地解决——我这本著作也没有把它穷尽地解决。正因为如此,人们或许会对法律史和比较法研究的匮乏表示遗憾。然而人们必须想到,所有的比较研究都必须以某个确定的比较标
IV 准为前提、历史的考察也总是受限于考察者的立场,亦即法律史与比较法研究本身就是以某种体系性法学为前提的。体系性法学虽然与法律史、比较法研究一起构成法学的整体,但体系性法学本身必须是建立在独立的方法论基础之上的。体系性法学以某个特定的实证法为其出发点,但在这个实证法之中,需要把握那些永恒的问题,法学不仅要在不同的实证法中,而且也要在其不同的历史发展阶段面对这些问题,并始终寻求对这些问题的解答,这从根本上

---

* 在本书中,与意思表示(Willenserklärung)相关的词汇很多,如 Wille、innere Wille、Erklärung、Erklärungsbedeutung、die Bedeutung der Erklärung、Erklärungssinn 等,拉伦茨教授又是反对当时德国意思表示构成通说最有力者,而我国既有汉译词汇亦各不相同,如在拉伦茨《德国民法通论》中译本中邵建东教授将 Erklärungsbedeutung 译为“意思表示意义”,陈爱娥教授则在拉伦茨《法学方法论》中译本中将其译为“表示意义”,基于翻译的准确和统一考虑,并结合本书和汉译拉伦茨《德国民法通论》及其最新德文修订版(Jörg Neuner 教授 2012 年最新修订),本译稿将 Wille 译为“意思”,innere Wille 译为“内在意思”,Erklärung 译为“表示”,Erklärungsbedeutung 和 die Bedeutung der Erklärung 译为“表示之含义”,Erklärungssinn 和 Sinn der Erklärung 译为“表示之意义”。之所以不将 Erklärung 翻译为“表示行为”,不将 Erklärungsbedeutung 和 die Bedeutung der Erklärung 译为“表示意思”,乃为避免与我国民法学意思表示构成上的“表示行动”(Erklärungshandlung)和“表示意思”或“表示意识”(Erklärungswille、Erklärungsbewusstsein)相混淆,根据后文所论,Erklärungsbedeutung 是指表意人所表达出来的、对方当事人对此能够且只能如此理解的意思。参见[德]卡尔·拉伦茨:《德国民法通论》(下),王晓晔等译,法律出版社 2004 年版,第 462 页;[德]卡尔·拉伦茨:《法学方法论》,陈爱娥译,商务印书馆 2003 年版,第 178 页;王泽鉴:《民法总则》,中国政法大学出版社 2001 年版,第 336 页。——译者注

** 原文字体加粗词语或句子,译文相应楷体。——译者注

关系到法学作为一门科学究竟是否可能。体系性法学的方法并非其他,就是舍恩菲尔德(Schönfeld)在本书收尾后我才收到的讲演中所提出的“辩证法学”[1](„dialektischen Jurisprudenz“)方法。因为我们在诸法律现象中所寻找的体系统一,并不是[事先]被给定(gegeben)的,而是被托付给(aufgegeben)我们的[一项任务]。体系统一是一种理念,体系也并非其他,而只是蕴含在这种理念之中的、作为其辩证的自我运动(Selbstbewegung)的诸范畴之间的区别(Unterscheidung)和划分(Gliederung),它们作为其概念基础进入实证法体系中去。因此,体系性法学应当在体系统一性方面即在其辩证的特征方面,把握某种实证法律体系的概念基础,为此,它不仅仅可以采用形式化的方法(formale Methode),而且还必须采用意识形态的和目的论的方法(ideo-und teleologischen Methode),法哲学的任务就是探究这种方法的科学与认识论基础。尽管时下不乏有人尝试对体系性法学在逻辑和认识论基础上进行研究,但这里要列举的维也纳学派(Wiener Schule)的诸论著恰恰理解错了下列基础性观点,即法学的逻辑不可能是像数学所运用 V
的那种形式逻辑,而是一种目的论逻辑(Teleologik)。也就是说,其必定是一种辩证逻辑。法律的逻辑特征在于,它是作为各种充满意义的规范之间的一种关联,规范的整体通过最终将法的理念作为其目的论原则置于基础地位,并借此构成了一个意义整体(Sinn-Einheit)。这一点,正好体现在这里被用作解释之基础的归责(Zurechnung)这一概念中。我们给归责这一概念赋予了一个法学范畴的基础含义,这个概念与凯尔森法律学说中的含义类似。但在凯尔森那里,归责是纯粹形式上的,仅仅考虑其逻辑关系和形式关系,即将事实构成与对于某个人——归责主体——的法律后

[1] 《论辩证法学的概念》(„Über den Begriff einer dialektischen Jurisprudenz“),载《格赖夫斯瓦尔德大学讲演录》第20辑(Greifswalder Universitätsreden 20)。

果相关联即可。然而,我们所论之“归责”是指如果某人实施了某种行为,那么行为与行为主体、意思表达(Willensäußerung)与行为的意思承载者就被以这样的方式联结在一起了,亦即后者的责任(Verantwortlichkeit)由此得以产生,因此归责的观念只有在某种目的论和规范的意义上才能得到理解;因为,一如我以前曾指出过的,[2]意思主体与其所实施的某个行为或者其他的意思表达之间的关系,只能是目的论的,而作为责任之基础的归责,却只有从法律的规范意义中,归根结底即从法观念(Rechtsidee)中,才能被理解。因此,对我们所说的“归责”这一关联的特殊形态,应当在目的论和它们的规范意义上来把握,而不应仅仅关注这种关联的形式层面,只有这样才能使这一概念对体系性法学产生成效。同样
VI 的,目的论和辩证的观察与形式逻辑之间的对立,也适用于法律效力(Rechtsgeltung)这一概念,关于这一点可以参阅我的《论法律效力问题》一文,该文补强了本书的法哲学基础。[3]

上述基本预设表明,本书是建立在尤利乌斯·宾德尔(Julius Binder)的法哲学,尤其是其方法论研究成果的基础之上的。此外,我非常感谢我敬爱的老师,感谢他一直以来对我这篇论文展现出来的热忱的、会意的和赞许的关注。

卡尔·拉伦茨
1929年3月于哥廷根

---

[2] 参见[德]卡尔·拉伦茨:《黑格尔的归责学说与客观归责概念》(Hegel Zurechnungslehre und der Begriff der objektiven Zurechnung),戴希尔特、莱比锡,1927年。

[3] [德]卡尔·拉伦茨:《论法律效力问题》(„Das Problem der Rechtsgeltung“),载《德国哲学协会特刊》(Sonderheft der Deutschen Philosophischen Gesellschaft),柏林,1929年。

目　录

当代德国法学名著总序………………………………… 第1－4页
翻译凡例……………………………………………… 第1－3页
缩略语………………………………………………… 第1－2页
前　言………………………………………………… 第1－4页

导　论 ……………………………………………… 第1－10页

法律行为的解释是一项特殊的法学工作。解释的目标与方法；旧见解：法律行为解释是真意探究；新见解：法律行为解释是表示意义之诠释。客观与主观解释方法。法定的解释原则与解释规则。《德国民法典》第133条措辞之矛盾。立法者的见解。基于法律体系之目的论关联以解释制定法规定。法律行为与错误之解释。第157条的含义及其与第133条的关系。第157条和第133条表现了二元论的主客观解释原则。作为本书以下研究任务的二元论之克服。

第一部分　解释论上意思与表示的二元论………… 第11－34页

丹茨之学说。解释既不属于事实查明，亦不是基于制定法的构成要件之涵摄，而是法律上的意义诠释。"通情达理的第三人"的标准是不充分的。丹茨关于主客观方法的矛盾。
……………………………………………………… 第11－15页

鲁道夫·莱昂哈德之学说。基于相对人之认识可能性的解释。"误言不害真意"规则。客观解释方法之批评。——弗朗茨·莱昂哈德之学说。语言学解释、文法解释和法学解释。交往上的通常含义只是解释的辅助工具,并非解释之目标。解释的对象与材料。被识破之错误未申明时的损害赔偿义务。“Semilodei”案。
……………………………………………………… 第15－22页

蒂策之学说。主观解释方法与客观解释方法、一般解释方法与个别化解释方法。——厄尔特曼之学说。它以意思与表示二元论为基础。客观的表示意义部分取决于意思。交易习惯具有决定性,其对表意人有效。交易的总体构成要件对表示之修正。——马尼希克之学说。主观解释方法优先,其辅助客观解释方法所得之含义。表意人对表示之意义负责。意思原则的“优先性”。表示之可归责性。示例。批判。主客观解释方法二元论以意思与表示二元论为基础。
……………………………………………………… 第22－34页

第二部分　意思表示作为效力表示的情感特征…… 第35－69页

作为行动的意思表示和作为逻辑意义构成物的意思表示。作为行动的意思表示,不仅要求对行动的人身因素进行归责,而且要求对表示之意义以及其内容上的含义进行归责。——关于意思表示的含义及其逻辑特征的不同观点。主流观点认为意思表示是意愿通知。语言表述与含义。——赠与允诺的意义构造。“给付”与“赠与”是法律概念。允诺既不是对某个意愿的表达,也不是对某个未来作为的预告,而是一项完整的约束:它不是展现一项意愿,而是赋予某个意愿的内容以终局性特征。转让表示的含义。意图不必表露出来,只需要满足有关法律事实的有拘束力的条件即可。意思表示不是意图表示,而是效力表示。
……………………………………………………… 第35－45页

关于法律后果不能被意愿的观点之否定。不仅感官上可感知的事物可以被意愿,通过它而体现出的精神构造亦然。将意思表示“归入”法律后果,如同将意义归入符号一样没有因果关系。意思之所及已超越于机械因果关系的领域。——关于法律后果的意愿只有在表示中才能得到实现。作为情绪性之意义构造的意思表示。——心理学和逻辑学上的情绪性思维。愿望句、命令句和意志句与陈述句的逻辑特征比较。意志句的语言表达形式。——作为意志表达和效力表示的意思表示：它包含的并非一项见解，而是表示某个应当发生效力的法律后果。

…………………………………………………… 第45－58页

效力表示并非效力生成。意思表示仅仅是具体法律效力在时间上的生成要件，制定法才其生成基础。——特别补论：解释和法律适用。

……………………………………………………………… 第58页

意思论。萨维尼。温德沙伊德。齐特尔曼。作为通知和意愿实现的意思表示。表示论。宾德尔的早期观点：意思表示作为法律后果表示。亨勒的“处分论”。毕洛将意思表示作为当为表示的观点。那些批评毕洛的观点之缺陷。

…………………………………………………… 第58－67页

真实性要求与有效性要求。意思表示的有效与无效。错误并非是意思与表示的不一致，而是表意人之原意与其表达出来的含义的不一致。真意保留。意思与表示二元论的扬弃。解释与意思以及其与表示之间的关系无关，而是与多种不同的可能表示之含义有关。在法律上具有决定性的表示之含义取决于当事人客观上的理解可能性。

…………………………………………………… 第67－69页

第三部分　表示含义的可归责性 ………………… 第70－103页

表示含义的"客观性"就是其在特定人际圈子中的有效性。相对于大圈子,表示在小圈子中的含义具有优先性。表示之含义的责任基础也是其可归责性的基础。可归责的表示之含义,是指表意人所表达出来的、其相对人对此能够且只能够如此理解的表示之含义。解释的方法具有规范性和个别性。示例。——第133条和第157条的含义。第133条尽管不要求考察表意人的真实想法,但却要求考察表意人的理解可能性。——法谚的含义:误言不害真意。如果双方当事人协商一致,具有法上决定性的表示之含义可以由当事人真实的意思来确定,而非当事人的理解可能性。前述规则也适用于双方错误的情形。示例。对遗嘱的解释。多义表示。
…………………………………………………… 第70－81页

解释不仅仅是为了查明表示是何含义,而且也是为了查明某种建立在表意人内心意思的基础之上的举动能否被视为意思表示。表示之意义的可归责性:如果表意人可以并且必定期待他人如此理解其举动,则该举动应当被视为意思表示。——关于表示之意义的错误、第118条的可适用性及其与第119条的关系。第118条以意思表示的存在为前提。第117条第1款所规定之情形并不存在意思表示,但第116条第2句所规定之情形可能存在意思表示。——解释应当考察个别情形。示例。伦理—目的论的标准而非形式逻辑的标准才具有决定性。法官对"具体法律"之发现的参与。
…………………………………………………… 第82－91页

补充性解释问题。解释与补充的边界以及它们对于错误撤销问题的重要性。基于整体法律行为的目的论关联对单个意思表示进行解释。当事人意思之假定与实质正当性。德意志帝国法院对补充性解释的立场。——补充解释对于个案公正是不可或缺的。它强调,基于法律行为的关联,什么是必定能够以当事人可理解的方式从诚信原则推论出来的。含义转换问题。补充性解释并不取决于假定的当事人意思，而是取决于当事人的理解可能性或者含义的妥当性。解释和补充的案例。——补充和解释是法律适用的两种不同功能。法理念是法律行为解释和补充的最后一个标尺。
…………………………………………… 第 92 – 103 页

后记 …………………………………………… 第 104 页
附录：弗朗茨·维亚克尔的书评…………………… 第 107 页
译后记 …………………………………………… 第 132 页

导 论

1

直到今天,法律行为解释学说的争议不仅没有终结,反而呈现出一幅各种学说之间左冲右突的战斗场景,一些学说虽然在具体方面得到了各种各样的修正,但这些修正中几乎没有一个得到真正的贯彻,而且迄今人们对这些学说的调和也没有真正成功过。这场争论所针对的对象是,什么才是解释所力图实现的目标。我们首先发现,在早期文献中,法律行为解释的目标被认为是探求当事人的内在意思(inneren Willen)。[1] 与此种观点相反,自从丹茨有关解释的著作问世以来,下述观点就占据了主导地位:解释与表意人意思之探寻无关,而与表示的意义的查明相关,诚然,这种意义是具有法律上决定性的(rechtsmaßgebliche)意义,即“根据法律规定的”[2]意义。因此,解释的目标就是

---

〔1〕 参见[德]温德沙伊德(Windscheid):《学说汇纂法教科书》(Lehrbuch des Pandektenrechts),第一卷,第7版,第231页。[德]邓恩伯格(Dernburg):《学说汇纂》(Pandekten),第一卷,第8版,第217页。索伊菲特(Seuffert)在《实务学说汇纂法》(Praktisches Pandektenrecht),第4版(1860年),第1卷,第106页中清楚地表明这一观点:“法律行为的解释与这个问题相关,即意思表示的发出者自己真正是怎么想的。”

〔2〕 [德]赫尔德(Hölder):《评注》(Kommentart),第1卷,第298页。类似观点参见恩内克策鲁斯,第528页:“解释就是查明意思表示在法律上的确定含义。”

确定表示所蕴含的意义,而且在表示的众多可能的含义之中,确定那个刚好被法律认为是具有决定性的含义。解释因此不仅仅是一
2 种文法解释和逻辑解释,[3]而且也是一种专门的法律上的意义诠释。相应地,对解释方法的发展因此也成为法学的一项任务。也就是说,法学应当提出解释之原则,以供法官在他们所谓的“解释”工作中采用。但是这种方法必须受到其所欲达到的结果的、目的论式的制约——解释的原则必定是建立在对目的的考量基础之上的,即解释作为法律适用的一个组成部分必定要服务于法律适用之目的。那么就产生了这样一个问题,即应当依据何种标准来确定某项表示“在法律上具有决定性”的意义。我们在文献中发现,人们提出了迥然不同的标准。比如有一般化的和个别化的判断标准,前者认为是交易习惯上的,也就是能为“通情达理的第三人”(„verständigen Dritten“)所理解的意义就是在法律上具有决定性的含义;后者认为根据案件的特定情事以及表意人的语言习惯,要么是那个一般的含义、要么是那个刚好被特定的意思表示相对人所理解的含义,就是表示在法律上具有决定性的含义。但人们时常也认为,表示的含义或多或少取决于表意人的主观看法,对表意人意思的解释应当尽可能宽泛以使其发生效力。还有一种纯粹客观的解释方法,这种方法又可细分为个别诠释与一般诠释;与此相对应,又有人主张某种主观解释方法,即认为表意人之意思对于在法律上具有决定性的表示之意义具有决定性影响。早期学说沿着后一条路径前行,认为解释就是意思探寻(Willenserforschung)——尽管这种学说也为迁就客观要素而历经了多种多样的弱化。最后,还有学者尝试将主观解释方法与客观解释方法分配到不同的适用领域——例如区分交易性法律行为与非交易性法律行为(Verkehrs-und Nichtverkehrsgeschäfte)——从而使两种方法共

---

〔3〕 早期学说区分文法解释和逻辑解释。参见注释〔1〕所引文献。

存,或者通过无论什么方式使两种方法相互结合在一起。接下来我们对所有这些尝试都将一一进行分析。首先应当注意的是,虽然既有文献丰富多彩,但竟然没有任何一项研究试图从解释的目 3
的论的基本思想出发,进而对形形色色的学说进行一番彻底的甄别,也没有对法律行为的解释方法以原则性的方式,并且从一般的法律理论的思考中进行论证。下文的阐述旨在完成这一任务。

然而,解释的方法并不仅仅取决于理论,在实证的制定法规定中可发现有关解释方法的预先规定,当然这些法律规定自身也需要解释。《德国民法典》第 133 条和第 157 条就是此类制定法规定。《德国民法典》第 2084 条则是有关终意处分的解释的特别规范。除了这些包含解释方法之基本原则的一般法律规范,制定法也会在一些情形下将某个特定含义规定为通常的具有决定性的含义。〔4〕 在这里,制定法不仅规定了解释的操作程序,而且通过从一开始就在某种表述的众多可能含义中强调某个作为具有法律上决定性的含义,从而预先规定了解释的结果。也就是说,在这里,制定法直接消除了法官通过解释自行查明相应的准确含义的必要性。但对于解释的方法而言,这些制定法规定却什么也没有说,因此对这些规定这里也就不再赘言,对第 2084 条亦暂时不予讨论,因为它是仅适用于一个狭窄领域的专门规范,不涉及方法上的根

〔4〕 关于第 133 条和第 157 条所包含的“解释原则”(„Auslegungsgrundsätzen“)中蕴含的解释规则的差异,参见厄尔特曼:《法秩序与交易习惯》,第 218 页及以下。在该书的第 258 页及以下,厄尔特曼也对制定法规定进行了详细的总览式分析。至于这些规定在何种程度上是解释规则,在何种程度上是处分性规范,其文并未讨论。(Dispositivenormen 又可译为非强制性规范或任意性规范,在德国民法中,处分性规范 dispositive Norm 和让步性规范 nachgiebige Norm 均指任意性规范,只是两者的观察视角不同:前者是从当事人角度观察,强调任意性规范可由当事人处分;后者是从法律规范的角度观察,强调法律规范对当事人约定之让步。参见杜景林:《合同规范在格式条款规制上的范式作用》,载《法学》2010 年第 7 期。——译者注)——此外,还可参见蒂策,第 480 页,注释〔33〕。

本问题。与此相反,我们必须即刻分析第 133 条和第 137 条*,以
4 便澄清制定法上的根据,继而展开进一步的探讨。

第 133 条规定:“解释意思表示应探求真实意思,而不得拘泥于词句的字面含义。”观察这一条文的措辞,首先会注意到,它提到的是两组对立的情形,且并非穷尽了一切可能性的那种非此即彼的情形。“真实的含义”(„wahre Sinn“)差不多与“词句的字面含义”(„buchstäblichen Sinne des Ausdrucks“)相对,而“真实的意思”(„wirklichen Willen“)与“表面的意思”(„scheinbarer Wille“)相对。这样一来,第 133 条的前半句与后半句就是相互矛盾的:前半句拒斥了对“表面的意思”的观照,哪怕这个“表面”(„Schein”)是以极其明确无疑的表示作为基础的;而后半句则只将“字面的含义”排除,却为人们将“词句的真实含义”(„wahren Sinne des Ausdrucks“)视为解释的目标敞开了可能。所以,对于第 133 条就存在着两种可能的诠释:它或者被诠释为“解释意思表示应探寻真实意思并且不拘泥于词句的含义”(„Es ist der wirkliche Wille zu erforschen und nicht am Sinne des Ausdrucks zu haften“),或者被诠释为“解释意思表示应当查明真实的而非字面的含义”(„Es ist der wahre und nicht der buchstäbliche Sinn zu ermitteln“)。一旦人们如当下的主流学说那样,在后一种意义上理解第 133 条,那么就意味着第 133 条对于表示的“真实的”含义,即其在法律上具有决定性的含义,压根儿就什么都没说——亦即这条规定根本就是一种同义反复。

同时,这种诠释也并不符合立法者的本意。毋宁说,立法者其实是受到了如下观点的影响,这种观点认为解释的任务就是探寻当事人意思,第 133 条的规定就是对这种观点的表述。的确,《德国民法典立法理由书》(Motive)也是用“意思探寻”(„Willenserfor-

* 原文如此,应当是第 157 条。——译者注

schung“)来描述解释之任务的,并且明确拒绝了这种学说:“对于合同而言,重要的并非缔结合同者之话语的真实含义,而是对方当事人依情事对该话语所必须理解的含义。”[5]法典起草人明显将“话语的实际意义”(„wirklichen Sinn der Rede“)理解为说话人的 5
原意(gemeinten Sinn),并将这个原意描述为“实际的意思”(„wirkliche Wille“)。如果是这样,那么第133条所规定的应探究的“真实的意思”,就可以等同于表意人所主张的——我们可以说——主观的含义了。无论如何,《德国民法典》并没有采纳齐特尔曼(Zitelmann)提出的观点,他建议应当用其下列规定取代第133条的规定:[6]

> “如果一个人的举动(Verhalten*)根据交易习惯能够被理解为意思表示,那么就存在一项意思表示。意思表示在其根据交易习惯所具有的意义上发生效力(gilt)。

---

〔5〕 参见《德国民法典立法理由书》(Motive zum bürgerl. Gesetzbuch),第73条。

〔6〕 [德]齐特尔曼(Zitelmann):《德国民法典草案中的法律行为》(Die Rechtsgeschäfte im Entwurf des BGB),第1卷,第98页;第2卷,第14页及以下(在本书中,“第某页以下”是指该页及下一页;“第某页及以下”是指该页及以下数页。——译者注)

* 关于法律行为的相关概念及其界定,目前德国学界的通说是采纳了弗卢梅《法律行为论》(Flume, Werner, Allgemeiner Teil des Bürgerlichen Rechts, Bd. 2, Das Rechtsgeschäft)中的四分法,即“行为”(Rechtsgeschäft 或 Geschäft)、“行动”(Handlung)、“举动”(Verhalten)和“动作”(Akt)。其以1)是否存在明确指向法律关系创设的意思(若有,则是行为,与意思表示同义,即[Rechts]Geschäft = Willenserklärung;若无,但具有可推定的意思,且对该推定性有认识,则为 konkludente Handlung,是真正的意思表示)和2)是否具有法上的重要性(rechtlich relevant)(由实定法所确定,如 rechtlich relvantes Verhalten,其效果参照法律规定)为区分标准,详细参见[德]弗卢梅:《法律行为论》德文版第一章。这种清晰的概念区分在本书的撰写年代(1930年)诚然尚未出现,但当时的学界确实是以一种有意识的区分态度来使用相关概念的,当然有与当下通说相矛盾之处。为了方便读者辨析,译者采取了严格的当下通说的区分方式将以上概念译出,在此提请读者留意。——译者注

如果表意人就其意思的词句表述发生了错误,或者就与意思表示相关的人或标的发生了混淆,该意思表示就以表意人的原意或者在没有发生混淆时将会发出的那样而发生效力,条件是潜在的意思表示受领人认识到存在该错误或发生了该混淆。"

由此可见,齐特尔曼提出了一种客观的和一般化的解释方法。只有在某种特定的情形,如适用类似于著名的"误言不害真意"(„falsa demonstratio non nocet"*)的法律规则时,主观的表示之含义才应被视作具有决定性作用的含义。然而看起来恰恰相反,第133条似乎仅仅想说明这样一句话:"意思表示在表意人主张的原意上生效。"

然而,不应当孤立地理解制定法的规定,而应当从这些规定在法律体系的整体联系中来理解和解释它们。体系性法学的任务,恰恰就在于把握法律体系内在的目的论结构和交互规定(immanente teleologische Gliederung und Wechselbestimmung)。对体系性
6 法学而言,较之于探究立法者的意见以及他们的理论设想与实践理由的历史方法,体系性方法——其实应该叫建构性处理方法(konstruktive verfahrende Methode)〔7〕——更为重要,这种方法将法律视作一个自身有意义的整体,并寻求对一项具体规定就其作为该整体的一个部分的功能,来作出理解。如果某条规定之符合立法者所主张的原意的含义,与法律作为整体之关联性并不相容,

---

* 该法谚直译应当为"错误的表达无害",因此本身并无"真意"或"原意"这一内容。——译者注

〔7〕 萨维尼已经在将法律解释区分为"逻辑的"和"文法的"(grammatische)之外,亦区分了法律解释"历史的"和"体系的"因素。(《当代罗马法体系》,第1卷,第206页及以下)对此同时参见[德]宾德尔:《法哲学》(Philosophie des Rechts),第911页及以下。

则法学应探究一种虽然不符合立法者原意，但却是有意义的含义，这一含义同时符合法律作为整体之关联性及其反映在这种关联性中的目的论思想，符合制定法的“客观精神”（„objektiven Geist“）的要求。

假如表意人的原意在任何情况下都可被看作是在法律上具有决定性的意义，那么这两者就永远不会分离，表意人也不会就其表示之意义发生具有法律重要性之错误（rechtserheblich Irrtum）。但《德国民法典》第 119 条对错误的规定却是以此种错误的存在可能性为前提的。仅凭此事实即可说明必须对第 133 条进行限制性解释。如果我们回顾一下制定法对错误是如何处理的，则对第 133 条作限制性解释的必要性就更清楚了。制定法认为错误的表示并非全然无效，而只是规定为是可撤销的，同时规定撤销权人应承担损害赔偿义务。也就是说，即使与表意人之想法相冲突的表示，在法律上仍然有高度的重要性。因此，表意人的想法不可能是判断表示之含义的唯一标准。

既然我们不能仅仅用第 133 条所提供的标准来查明某个表示在法律上具有决定性的含义，那么求助于第 157 条规定就显得理所当然了。第 157 条规定： 7

> “合同解释应当依诚实信用原则，并顾及交易习惯而进行。”

从字面上看，第 157 条似乎仅仅涉及整个合同的解释，不过我们也可以把这条规定适用于对单个意思表示的解释，因为对单个表示的解释与对合同的解释在方法上并不存在差异，而且也因为第 133 条自身并不能独自构成解释的基础。因此，第 157 条也不像某些学者所主张的那样，仅仅适用于对所谓的交易性法律行为的解释,[8]而是在解释全部法律行为时,都应与第 133 条一起适用。[9] 在第 157 条所规定的两大标准中——诚实信用原则与交易习惯——后者只有在与诚实信用原则相一致时,才应当被顾及。[10] 因此,具有决定性意义的是那些在法律行为性质的交易(rechtsgeschäftlichen Verkehr)中被人们所期待和实践的正义与公平的观念。由此,也根据制定法而表明了,解释必须是一种专门的、法律的解释,解释旨在实现对双方的利益进行无偏见的权衡这一主导私法的观念,因此无论如何也不允许将表意人或相对人的单方面立场视为具有决定性意义的。对交易习惯的援引,使诚实信用原则自身所包含的客观因素得到了加强。当然,第 157 条也并没有给我们提供一种完整的解决方案,而只是提供了一个形式标准,这个标准自身还需要进一步的充实——因为我们正好想要知道,诚实信用原则所要求的究竟是何种解释方法。特别是第
8 157 条并没有澄清下列问题:在依"诚实信用"作解释的框架内,主观的表示之含义,以及第 133 条所规定的"真实意思",究竟具有何种含义。这样,第 133 条和第 157 条相互之间的关系就变成了一个问题。

我们既不能把解释片面地支撑在第 133 条之上,也不能像蒂策所主张的那样将第 133 条简单地弃之不用。蒂策认为,第 133 条中的"真实意思"并非意味着其他,而指的就是第 157 条也规定

---

[8] [德]厄尔特曼:《评注》,第 135 页和埃贝克(Ebbecke)在《耶林年鉴》(Jherings Jahrb.)第 68 卷第 7 页中的论述即坚持此主张。同样的观点还见比尔林(Bierling):《法律原则理论》(Jur. Prinzipienlehre),第4 卷,第231 页及以下,尤其是注释32。

[9] 此乃主流学说。参见[德]厄尔特曼:《法秩序与交易习惯》,第 82 页和第 108 页(与现在的《评注》第 157 条不同);丹茨,第 132 页;蒂策,第 84 页;恩内克策鲁斯,第 538 页;冯・图尔,第 535 页;赫尔德:《德根科尔比纪念文集》(Festschrift für Degenkolb),第 115 页。持不同学说的有:施塔姆勒:《债之关系》,第 37 页;马尼希克,第 211 页及以下。

[10] 参见[德]厄尔特曼:《法秩序与交易习惯》,第 82 页及以下。

应查明的“真实的表示内容”(„wahren Erklärungsinhalt“),因而第133条的内容已被第157条所涵盖。〔11〕 这意味着,第133条自身并不具有任何意义了。假如第157条对解释的正确方法这一问题给出了穷尽式的回答,那么认为第133条不具有任何意义才显得有道理,然而实际情况并非如此。另一方面,认为第157条与第133条有某种隶属关系的观点,以及认为解释的原则应主要根源于第133条的观点,在我们看来也都是错误的。因此,我们也必须反对厄尔特曼的观点,他认为单个意思表示的射程(Tragweite)首先由第133条来确定,“第133条就其领域而言应优先于第157条予以考虑”〔12〕。毋宁说,我们认为这两条规定都是不完整的,它们因各自的片面性而相互限制和相互补充,它们首先表达了两种相互冲突的观点——一种客观的观点和一种主观的观点——之间的对立,它们看起来是如此恒久地互不相容,以至于不可能用某种更全面的观念来扬弃这种对立。因此,对这两条相互冲突的规定中的每一条,都必须在受到限制的含义上来理解,只有这样,它们相 9
互之间以及它们与其他制定法规定之间才能相容。不过,这一目标是以主客观解释方法二元论之消除为前提的,而这也正是本文研究的宗旨。人们常常说“当事人的真实意思”是具有决定性的,“只要它是在无论何种不完整的词句表述中堪堪能够被发现的”〔13〕,这种说法并非意味着对二元论的克服,而更多的是一种承

---

〔11〕 蒂策,第85页。

〔12〕《法秩序与交易习惯》,第82页。同时参见第175页:“单个的表示应当首先根据第133条有关真实的意思的规定进行解释。但这个真实的意思——不仅在合同缔结时,也在单方表示时——对于相对人而言有多重要,则必须遵从第157条的规定。”类似的见解,参见马尼希克在《耶林年鉴》第75卷,第150页中的论述。

〔13〕 厄尔特曼:《评注》,第133条,注释3B ß;蒂策,第96页。(关于“主观解释”的适用范围),恩内克策鲁斯,第530页;冯·图尔,第538页;特别是帝国法院的许多判决,《帝国法院民事裁判集》,第108卷,第83页;《法学周报》,1994年(原注如此,应为1894年的帝国法院判例——译者注),第336页;1905年,第47页;1924年,第197页。

认。在这里,不仅“无论何种不完整的语句表述”所指何意很有疑问,而且方法二元论也清晰可见:“只要”一种东西无论以何种方式与另一种东西是相容的,这一种东西就应当生效力。由于“无论何种不完整的语句表述”这一要求具有可伸缩性,因此所有的一切都取决于个别情形中的裁量。因此,这种套话并不是原则性的解决方案,而是对原则性解决方案的放弃。我们认为,学术上围绕解释方法的种种努力就是一系列通过这样或那样的方式对二元论加以克服的探索,在这些探索之中,时而主观因素受到重视,时而客观因素占据主导。通过对这些探索的批判性审视,我们将为二元论的破解工作做好准备,并据此为进一步的研究奠定基础。

第一部分　解释论上意思与表示的二元论

法律行为解释的新近理论以丹茨的学说为起点。丹茨在他关于解释的著作[1]中反驳了那种认为解释应当与当事人意思之探究相关的旧学说,并试图创立一种严格的客观解释方法。丹茨以下列原理为出发点,即解释既不属于事实认定,也不属于证据程序,因此它不可能与事实上的意思(tatsächlichen Willens)之探究是同一回事。丹茨的这一观点有多正确,他进一步的观点——解释就是认定法律后果——就有多错误。尤其如厄尔特曼所指出的,[2]这一错误建立在对事实构成之认定与事实构成在制定法上之涵摄相混淆的基础之上。[3] 意思表示的独特性在于,它是对某种事实构成的描述,这种事实构成并非能通过可感知事实加以穷尽,而是对某种意义(Sinn)、某种含义(Bedeutung)的表达。与事实不同,人们对于意义不能感知而

〔1〕 此外还可参考丹茨发表在《耶林年鉴》中的论文,第38卷,第441页及以下;第46卷,第382页及以下,以及第54卷,第38页及以下。

〔2〕 《法秩序与交易习惯》,第234页及以下。比较亨勒,第346页,注释〔15〕和冯·图尔,第543页及以下。以及丹茨和蒂策,第104页和第451页。

〔3〕 此外,这种观点与丹茨的理论(参见第7页)还存在一种奇特的矛盾,即意思表示并非指向法律后果,而是指向某种经济效果。

只能理解;意义不是知觉判断(Wahrnehmungsurteils)的对象,而是
11 推论(Schlusses)的对象,在推论中,自我(ich)将被感知的对象观照为某个思想(Gedanken)所以为的、所指向的"载体""表现"和"体现"。解释就是对某种被感知的事件的含义进行查明,它与事实的查明无关,而是与事实的含义相关——也就是说,解释与通过事实所表达出来的"它的"意义的查明相关。正如弗朗茨·莱昂哈德(Franz Leonhard)所正确指出的,[4] 解释是意义诠释(Sinndeutung),因而一方面应将其与单纯的事实认定和证据程序严格区分开来,另一方面也应与依据制定法进行的(在其通过解释所查明的含义中的)事实构成之涵摄严格区分开来。[5] 由于诠释须遵守法定的解释原则的规定,即须适用法律规范,因此对诠释的结论可以进行再审[6]——不过再审的理由并非在于对事实的错误应用,而是仅仅在于解释方法的错误适用。因此,解释是法律上的意义诠释(rechtliche Sinndeutung),它须遵从制定法的规定,就此而言是法律适用,而不是涵摄。只有被解释过和被诠释过的事实构成,才能被涵摄到抽象的制定法上的事实构成之中。意思表示作为一个有意义的事件,其特征所产生的结果是,事实构成之认定并非以事实认定之终结而终结,而应当紧接着对事实的意义进行诠释,诠释的目的在于查明那些被法秩序视为具有决定性的意义。

回过头来看丹茨的观点,我们可以看到,他的论证建立在对解释之法律功能的错误认识的基础之上,因此并没有说服力。尽管可以确定的是,解释不可能等同于对表意人的内在意图的认

〔4〕《民法实务档案》,第 120 卷,第 34 页及以下。

〔5〕因此,厄尔特曼这个的观点应当被否定,《法秩序与交易习惯》,第 250 页:它"一会儿是这个一会儿是那个"。

〔6〕对此参见蒂策的著作,第 104 页,注释〔32〕。

定——要是等同的话，那么解释就不再是对表示所进行的诠释，而 12
仅仅是认定事实——可是因此却并没有证明这样一种主观的见解或意图对于查明法律上重要的意义不具有任何价值。相反，丹茨却提出了如下观点："解释与内在意思不相关。因此，缔约一方当事人在使用某个有争议的语词时，其究竟所指何意，对于解释而言并无所谓。"〔7〕毋宁说，只有客观的，并且是交易上的通常意义才应当具有决定性，这种意义，即一个通情达理的人在身处表示所指向的相对人之情形中时，必定从该事件中推导出来的那个意义。某项特定的举动究竟是否应当被看作是意思表示，对于这个问题也同样应作出这样的判断。〔8〕 然而，对于丹茨所提出的上述标准——某个想象中的通情达理之人的理解——的缺陷，简单思考一下就可以看出。语词——我们将表示符号(Erklärungszeichen)局限为语词这种最重要的形式——与特定含义的联系并不是如此牢固，以至于它总是表明同一个含义。相反的，它的含义是变动不居的，它不仅受到谈话的语境和事件情事的影响，而且它在按地域之分或职业之分形成的不同人际圈子中也常常有不同含义。在这种情形下，又产生了下列问题：究竟应当以对表意人而言具有决定性的含义，还是以对受领人而言具有决定性的含义，作为解释的基础？如果两个人中的一个人知道，另一个人说话所指的意义与自己所理解的不一致，那应如何处理？在这里是否也只应当以"通
情达理之人"所赋予给语词的那个含义为准？可是，"通情达理之 13
人"也只能根据一方当事人或者另一方当事人的语言习惯而通情达理，但问题在于，究竟应以何种语言习惯为根据。由此可见，从"通情达理之人"那里，我们并没有获得任何东西！

---

〔7〕 丹茨：《法律行为解释》，第211页。

〔8〕 前引书，第14页。这一点也显示了解释问题与意思表示的概念问题——意思论与表示论的对立——的联系。这一问题后文将论及。

但是,丹茨也没有一以贯之地贯彻他的客观解释原则。根据他的学说,如果双方当事人对表示之意义同时做了相同的理解,交易上的意义就应退至主观意义之后。在这种情形中,当事人所作相同理解之意义就成为在法律上具有决定性的意义,而不必顾及交易上的意义。此外,这一结论不仅适用于当事人就有争议之语词的意义达成一致的情形,而且也适用于表意人表达错误而相对人从这一错误表达中辨识出了表意人之原意的情形。[9] 这样,丹茨的学说中就包含着反差强烈的二元论:[10] 如果表示的受领人对表示的理解与表意人的原意一致,那么这种(主观的)表示含义就是在法律上具有决定性的,不必顾及交易上的含义;而在其他情形,交易上的含义就应当被认为是在法律上具有决定性的含义,而不必顾及各当事人的见解与理解。由此可见,表示是在表意人的意义上还是在交易上的意义上有效,就取决于这一——主观且偶然的——情事,即意思表示受领人是否如同表意人之原意那样理解表示——如此一来,在确定表示在法律上的决定性意义时,一方面主观要素被赋予了突出的重要性,而另一方面却又被剥夺了任何重要性。

为达至一种更统一的学说,以此为出发点,原则上存在两种研
14 究路径,来揭示表示在法律上具有决定性的意义。[11] 要么尝试一

〔9〕 前引书,第62页以下和第212页以下。

〔10〕 厄尔特曼《法秩序与交易习惯》第117页也注意到丹茨并没有做到逻辑一贯。西贝尔(Siber)在《立法与法学批判季刊》(Kr. VJSchr)第49卷,第41页中也有类似评论。

〔11〕 下述描述无法就每一个学者的学术观点进行详细探讨,而是处理文献中代表其基本思考方向的对立观点。因此,下述描述不会按作者和作品的时间顺序展开,也不企图描述历史发展脉络,而是在学术观点的对立之中,将所论问题自身的辩证特征进行清晰化的分析,因而仅仅是从体系性的视角进行把握。

以贯之地贯彻丹茨所提出的、严肃对待语词的客观方法,即一方当事人或者对方当事人实际上是如何理解有争议之表示的,一概在所不问。鲁道夫·莱昂哈德(Rudolf Leonhard)和弗朗茨·莱昂哈德(Franz Leonhard)的探索就是朝着这个方向前进的;要么在维持意思与客观表示意义之二元论的前提下,尝试具体区分表示中主观因素和客观因素的重要性,并将两者相互融合起来。蒂策(Titze)、厄尔特曼(Oertmann)、赫尔德(Hölder)、马尼希克(Manigk)、恩内克策鲁斯和冯·图尔(v. Tuhr)的研究即属此类。我们首先来看第一个研究路径。

根据鲁道夫·莱昂哈德的观点,[12]表示的意义是“被表示出来的意思”(erklärte Wille),也就是那个表示所指向的并应由其知悉的人,借助自己所能接触到的各种情事必定能够从表示中推导出来的想法。法律所重视的仅仅是表示的客观意义,亦即“意思表示受领人必定将其理解为表意人之原意的意义”[13]。解释的目标就是认定表示的这种客观意义。[14] 对于所有需要受领的表示,法官应当站在受领人的角度,思考该受领人从这个表示中能够且 15
必定推导出何种含义。与之相对,对于不需要受领的表示,尤其是遗嘱,则应当借助所有相关的可辨识的情事查明表示之含义。可见,这两种情况下的解释都建立在同一个原则之上,区别只在于所应考虑的素材范围不同。

从这种观点出发,莱昂哈德进一步指出,对于法谚“误言不害真意”的含义,应当在比主流学说所主张的做法狭窄得多的范围

---

〔12〕《作为合同无效之原因的错误》(Der Irrtum als Ursache nichtiger Verträge),第1部分,第85页及以下。

〔13〕而不是他所实际理解的意义;也参见第178页,注释〔4〕。厄尔特曼《法秩序与交易习惯》第115页对此提出了反对观点。

〔14〕参见莱昂哈德前引文,第178页。

内加以把握。[15] 主流学说认为,如果相对人已经辨识出了表意人之原意,无论相对人在客观上是否应当辨识出该原意,那么该原意就是有效的。而莱昂哈德却认为原意只能且必定在后一种情况下有效*。他因此认为法谚"误言不害真意"从属于客观解释;此法谚说明的只是下列道理:表示的字面含义(der Wortlaut)必须退至借助其他情事可辨识的、客观的表示意义之后,而不是要说,表意人之原意在任何一种情况下都能够对抗客观的表示意义。[16] 如此,尽管客观原则得到了纯粹彻底的贯彻,但其结论却并不令人满意,因为它与双方当事人利益的公平权衡明显不相一致:已经正确辨识出了表意人原意的意思表示受领人,仍然能够要求表意人持守表示的字面含义或者某个客观意义,因为他本来是不需要辨识
16 原意的。此外,在表意人的原意与相对人所理解的意义之间存在分歧,但当事人就这个意义达成了一致的时候,仍然将"客观的"表示意义看作是在法律上具有决定性的意义,这就显得与法律生活的需求完全不一致了,而法学作为一门目的论科学必须要考虑这种需求。这里的研究也表明,当事人的原意、主观的含义不可能是完全予以忽略不计的,就此而言,莱昂哈德的客观解释方法是行

〔15〕 关于该法谚在《德国民法典》中以及帝国法院的判例中的适用,参见以下论文:邦(Bang)发表《耶林年鉴》,第 66 卷,第 309 页及以下的论文;蔡勒(Zeiler)发表在《德国法律解释论文集》(GruchBeitr.)第 52 卷,第 224 页的论文;厄尔特曼发表在《民法实务档案》第 117 卷,第 275 页的论文。经典的判例见《帝国法院民事裁判集》(RG)第 61 卷第 264 页、第 66 卷第 21 页、第 66 页、第 427 页、第 99 页、第 147 页、第 109 页、第 334 页。根据主流学说和判例,如果相对人已经辨识出表意人之原意,错误的表达(Falschbezeichnung)并不会影响表示在原意上有效。(邦的前引文第 363 页部分地赞同此观点)。厄尔特曼《法秩序与交易习惯》第 102 页亦是如此,该书第 101 页也有提及。

* 即鲁道夫·莱昂哈德认为只有当相对人在客观上已经辨识出表意人的原意时,该原意方才有效。——译者注

〔16〕 参见莱昂哈德前引文,第二部分第 14 页和第 1 部分第 178 页注释〔4〕:受领人从表示中推断出了什么东西完全无关紧要,只要这些东西不是必须被推断出来的。

不通的，尽管他的观点是前后一贯的，但却是一种片面的贯彻。

弗朗茨·莱昂哈德进行了一个有趣的尝试，既严格地贯彻了客观解释学说，同时又与主流观点保持协调一致，[17]主流观点认为如果相对人已经辨识出了表意人之原意，那么原意就始终具有重要性。他从下列无疑可被视为该学说的正确内核的规则出发，认为解释的目标不在于认定表意人的主观想法，而仅仅在于诠释表示的含义。他区分语文学解释（philologischen Auslegung）[18]和符号诠释（Zeichendeutung）。语文学解释的目标在于查明表意人的原意，其方法因此就是从既有的诸种表达手段（Ausdrucksmitteln）中，推导出作为其基础的意思（或者其他的主观想法！）；而符号诠释的目标，则是认定某个符号的语言意义（sprachliche Sinnes）及其逻辑—文法含义（logisch-grammatikalischen Bedeutung）。法律解释处于语文学解释和逻辑符号诠释之中间。[19]法律解释的目标不是认定主观意思，而是认定那种在一个不偏不倚的评判者看来必须觉得是其意愿的（als gewollt erscheinen muß）想 17
法。因此，法律解释与文法解释不同，与语词的通常含义并不相关，而是与某项具体表示的特定含义相关。它应评判的是某个特定的、个体化的事件的客观含义。

相对于丹茨而言，弗朗茨·莱昂哈德的这些论述在原则的清晰性上有了进步，因为他正确地将法律解释不仅仅区分于语文学解释，而且也区别于逻辑—文法解释。这样，有一点无论如何是清楚的，那就是对于法律人而言，通常的意义、一般的甚或仅仅交易上的含义，都只不过是解释的辅助工具，而并不能构成解释的目标。他这些研究在方法论上尤其是值得赞赏的，因为它们展现了

---

〔17〕《民法实务档案》第120卷，第14页及以下。

〔18〕丹茨也强调过语文学解释和法律解释的对立。

〔19〕前引书，第47页及以下。

对意义、对解释在法律上任务的思考，而只有从该任务出发，诸具体的法律规定才可以得到理解。例如，莱昂哈德并没有满足于将客观解释的必要性建立在依第119条的规定可得出“意思”与表示意义彼此可能陷入分离的认定之上，而是试图从法律解释之有别于其他类型意义诠释的逻辑特征出发，来说明这种客观解释的必要性。只是我们并不认为他最后实现了这一研究意图，因为指出法律解释位于语文学解释和文法解释的“中间”，这根本就没有说明什么问题。莱昂哈德也并没有清晰地认识到，解释的目标只能是认定某项表示的下列含义：在表示的多个可能的含义中，认定那种依据法律判断标准恰恰必须被看作是具有法律拘束力的含义。因而那个所谓意思表示的“正确”解释问题，就变成了表示意义的归责问题。莱昂哈德相信，在查明表示的客观意义时，可以不用理会那个意思表示所指向的受领人了。也就是说，表示是不应
18 当从受领人的角度进行诠释的。[20] “解释之人在客观的诠释中完全不起作用。”[21]在这一点上，莱昂哈德的观点又明显接近于丹茨了。但是，在解释需要受领的意思表示时，只有相对人可辨识的情事才应得到考虑。因此，认定表示的客观意义，是不可能不顾及某个特定当事人的看法及其可能的理解的。这一点其实也是完全不言而喻的，因为意义并非是什么固定的和实在的东西，而始终是某种意识（Bewußtsein）的意义；而且，对某一个体化事件的具体意义而言，具体的意识必定总是至关重要的，该个体化事件正是因为这一具体意识才具有了某种含义。

对于表示的客观意义的认定，莱昂哈德仅仅想顾及以“与行为相符的方式”（in der „geschäftsgemäßen Weise“）展现出来的情

[20] 前引书，第100页及以下。

[21] 第52页。

事。[22] 根据他的观点,解释的对象是“全部的行为事实构成”(„gesamte Geschäftstatbestand“)。然而,这一观点混淆了解释的对象(Gegenstand)与解释的材料(Material)。[23] 另一方面,我们也不理解,为什么对于意义诠释而言,受领人仅需考虑与行为相符的重要情事,却不需要考虑其他的、他已经认识到或者可以认识到的情事。莱昂哈德对解释材料所作出的限缩不能被看作是有根据的,相反,他对解释对象的理解则过于宽泛了。

莱昂哈德对于客观解释理论提出了如下规则:如果双方当事人的某种内心同意不是以客观可辨识的方式表示出来的话,其并不足以使双方所指的原意生效。[24] 多义的表示(Zweideutige Erklärungen),并不能在表意人所指的原意上发生效力,即使该原 19
意可能在表示中得到了体现;这种多义的表示是无效的。[25] “双方当事人所进行的有权阐释应被判断为缔结新合同。”[26] 弗朗茨·莱昂哈德用一种独特方式对如下情形表明了立场:意思表示相对人已经认识到表意人之原意,尽管该原意在客观上并非是被表达出来的意义,即相对人已经识破了原意与客观意义之间的这种分歧。此时意思表示受领人就有义务向表意人释明其错误。[27] 如果受领人违反这一义务,就应当负损害赔偿义务,而由于表意人的损害在这里体现为表示并未在他所指的意义上发生效力,因此表意人有权要求相对人承认其表示的原意的效力。这里,之所以对原意以及对为相对人所识别的(与之相对立的是“说出来的”)

---

〔22〕 前引书,第 68 页(原文如此,经查应为第 67 页——译者注)。

〔23〕 厄尔特曼《评注》,对 133 条评注时的注释 2a,以及《法秩序与交易习惯》第 111 页(与黑尔维希 Hellwig 不同)。

〔24〕 前引书,第 105 页。

〔25〕 前引书,第 111 页。

〔26〕 第 114 页。

〔27〕 第 127 页及以下。

意义(ausgesprochenen vom Gegner erkannte[28] Sinn)予以重视,不是因为原意成为表示的内容,并且原意能够决定表示的内容,而仅仅是基于损害赔偿观点的需要。

莱昂哈德的这些论述迄今并未获得赞同,也不能被看作是一个成功的解决方案。表意人的损害,并不在于他的表示没有按其原意生效,而在于他没有能力立即撤销原表示并作出新表示。如果他的表示从一开始就被认为应当在其原意上有效,那么较之于他在损害赔偿观点中所处的合理地位,他似乎处于一个更为有利的地位。但是这种“绕着走的论证”首先掩盖了下列问题:表示应
20 当在何种意义上具有法律效力?在表示的多种可能含义中,哪一个才是在法律上具有决定性的含义?并且,既然表意人必须承认其意思表示对自己有效,那么,在不对表意人的观点进行全面审视的情况下,就不能够确定地回答这个问题。

因此,迄今为止被审视到的诸学说[29]都没能够将它们的原则——只重视客观的、相对人可辨识的表示意义——与相对人已经辨识出来的错误表达(Falschbezeichnung)的无害性,以及客观上的多义表示在表意人原意上的,且为相对人所理解意义上的有效性相协调,因而它们无法提出一个完全令人满意的解决方案。这些学说都完全忽略了表示之意义与表意人个人(die Person des Erklärenden)之间的联系,也正是因此而错过了对下列关键性问题的审视:某个特定的表示含义何时恰好可以归责于表意人。这一研究方向的大部分代表人物都将研究的着眼点片面地放在意思表示相对人的身上,这样就使对表示的诠释依赖于那些表意人并不

---

〔28〕 而并非那种被当事双方纯粹偶然与表示联系起来的、客观上却并未在该表示中表达的意义。故此,如果受领人和表意人由于相同的错误而表达了同样的东西,那么有效的不是这个东西而是客观意义。

〔29〕 这些学说也可追溯至耶林,参见《耶林年鉴》,第 4 卷,第 72 页,注释〔78〕;同时参见哈特曼(Hartman):《耶林年鉴》,第 20 卷,第 52 页。

知道以及并不能够知道，因而对他来说是纯属偶然的因素。例如，某个表意人不知道的[30]、在意思表示受领人当地却很重要的语言习惯，或者表意人不可能考虑到的各种情事，却对表示之诠释具有决定性。为说明这个问题，兹举曾被广泛讨论过的“Semilodei”案为例。[31] 一家在汉堡的公司通过代理人 R 向一家在纽约的公司发出了销售要约并告知，合同应当通过交换电报词语“Semilodei”的方式订立，该词语的意思应是“无出卖人担保的合同之缔结”。然而 R 却告知纽约公司，“Semilodei”是指有担保的销售合同。然 21 后纽约公司即用电报将“Semilodei”一词发出，汉堡公司也回复了“Semilodei”。帝国法院在该案中指出：既不能作出不利于纽约公司的推定，即推定纽约公司通过使用“Semilodei”一词，就是期望将汉堡公司所想要指称的“Semilodei”一词的含义为己所用；也不能作出不利于汉堡公司的推定，即推定汉堡公司应当预见到 R 会对其提议作歪曲转达，并因此必须让“Semilodei”一词在 R 向纽约公司所作告知的意义上生效。毋宁说，任何一方当事人都表达了其所指称的原意：汉堡公司说的就是“无担保的销售”，而纽约公司说的就是“有担保的销售”。因此，这里双方不存在合意。

如果赞同帝国法院的意见，认为汉堡公司无需将 R 的举动归责于自己，那么依客观解释理论，则必然得出如下结论：汉堡公司能够且必定将纽约公司的“Semilodei”的意义理解为无担保的销售要约；因此这也就成为纽约公司之表示的客观意义。而 R 作了错误转达这一情事，显然是为作为表示受领人的汉堡公司所不能辨识的，因此在解释时不必虑及该情事。另一方面，纽约公司必定将汉堡公司的“Semilodei”理解为“有担保的销售”；在这里，R 的举动对于解释汉堡公司的表示就具有重要意义，虽然汉堡公司根本

〔30〕 参见厄尔特曼前引书，第 132 页。

〔31〕《帝国法院民事裁判集》(RG)第 68 卷，第 66 页及以下。

无需预见到这一点。如此而言，如果每方当事人的表示都从相对人的角度出发进行解释，那么每方当事人都表示了他本不愿意表示的意思；如果一方所表示的是一回事而他方所表示的却是另外一回事，双方所表达的刚好是他们所不愿意表达的，不合意依然存在。这一结果对严格的客观解释方法而言是不可避免的，但无疑是令人感到奇怪的，这也许能充分说明贯彻客观解释理论遇到的
22 困难，身处这种困境人们就可理解。法学寻求了另一种解决方案，即除了关注客观的因素外，还应或多或少地更为重视主观方面的因素。

与前述纯粹客观的解释方法最接近的是蒂策的学说。[32] 他与丹茨的学说有关联，与丹茨一样认为交易上的意义基本上是具有决定性的。[33] 然而蒂策提出了两项重要的限缩。首先，他认为客观解释仅仅适用于交易性法律行为；其次，他在一般的客观解释（generell-objektive Auslegung）之外又提出了个别化的客观解释（individuell-objektive Auslegung）。[34] 个别化的客观解释适用于当事人之间存在既有特别关系，使得某个词语或者符号对这些当事人而言具有决定性的特殊的含义。亦即，个别化的解释仅仅在存在这种特别关系之时才拥有一席之地——这是一种几乎没什么正当性可言的限缩。在客观解释之外，蒂策终于为非交易性法律行为提出了主观解释。[35] 他认为，对于非交易性法律行为而言，表意人之原意应具有决定性，然而这一点也并非一以贯之，而是有条件的，即该原意与客观解释的结果“在一定程度上”

〔32〕《误解论》（Die Lehre vom Mißverständnis），第83页及以下。
〔33〕第86页。
〔34〕第91页及以下。
〔35〕第95页及以下。

(„einigermaßen“)相一致,该原意在表示中“哪怕是体现为某种如此不完整的表达”。

在客观解释范围内,蒂策打算严格坚持不应考虑主观原意的原则。因此,一个在客观上有歧义的表示,并不因相对人作原意理解而在该原意上生效,而应当无效。[36] 然而,如果当事人对于表示的意义是一致同意的,那么表示就在这个意义上生效[37]——此 23
时已没有进行解释的空间了。这里也再一次表明,法律应予重视的意义(vom Recht zu beachtende Sinn)并非完全不依赖于诸当事人自己所赋予表示的意义。可见,蒂策也没有消除严格的客观解释论在确定表示意义上的困顿。另一方面,我们也看不到严格的客观解释论提出下列观点的正当性何在:对于特定类别的法律行为,法律解释的目标会产生天壤之别。一会儿认为客观的表示意义具有决定性意义,一会儿却又认为主观的表示意义具有决定性意义。仅仅是交易性法律行为需要顾及相对人这一观点,还不可能对解释的目标、解释的法律功能产生如此深刻的差异,以至于解释的法律功能一会儿被认为是客观的意义诠释,一会儿又被认为是对某个意思或某一主观想法的认定。前文已经指出,一般解释,亦即仅仅根据交易上含义的解释,不能作为法律解释的目标,充其量只能作为法律解释的一种辅助手段。在一般解释与建立在“特殊关系”基础上的个别化解释之间作出界定,是有疑问的。什么关系才是这种意义上的“特殊关系”,并不能准确确定。而尤为重要的是,客观解释论也没有向我们展现,为什么只有相对人基于“特殊关系”的知情,才应在表意人的意见中得到重视。最后,在主观解释与客观解释的关系方面也存在问题,什么叫作一种解释方法的结果与另一种解释方法的结果“在一定程度上”相一致?

---

〔36〕 前引书,第188页,注释〔34〕。

〔37〕 第88页,注释〔9〕。

这里,意思与表示的关系仍然没有说清楚。

因此,蒂策的学说——试图将相互冲突的解释原则整合在一
24 起——不能被认为是一个成功的尝试。它遗留下来一系列悬而未决的问题,迫使人们不得不对该学说进行改造和修正。厄尔特曼对此进行了有益的探索。[38]

厄尔特曼的出发点是,解释基本上是对客观的表示意义的认定。[39] 不过,厄尔特曼从一开始就没有像前文所考察过的其他学说那样,将客观的表示意义从主观的意义中分割开来。丹茨、莱昂哈德主张,蒂策也部分地主张,客观意义应当在无须考虑表意人见解的情况下就是具有决定性的,而表意人的见解仅在例外情况下才值得关注。与这些观点不同,厄尔特曼认为,表意人的意见始终具有本质性的含义。就此而言,这一主观意见在众多情况下都优先于表示的客观含义或者它自身就具有决定性。厄尔特曼的观点因而是一个二元的观点:主观的和客观的表示意义作为意思与表示相互对立,随之就产生了必须在多广的范围内尊重意思、在多广的范围内尊重表示这一问题。对这一问题最一般的回答是应探究的意思,既不是与表示无关的(neben),又不是与表示背离的(entgegen),而是在表示之中的(in)意思。[40] 这样就原则上并且对所有的法律行为而言,都承认了主观因素的含义,但与此同时又表达出了通过表示的客观因素对主观因素的限制。这种将主观要素表述为"意思"的做法,诚然可以从《德国民法典》第133条所依据的法律行为上的意思论(rechtsgeschäftlichen Willenstheorie)之中得到理解,但是这种做法同时也始终包含了这样一个难题:这种主观意

[38] 厄尔特曼:《法秩序与交易习惯》,第60页及以下。对此现在参见《评注》,第326页以下、第408页、第466页及以下、第526页及以下。也参见《导论》第22页。

[39] 《法秩序与交易习惯》,第75页以下。《评注》,第326页和第466页以下。

[40] 《评注》,第467页。

思与表意人对其表示之意义的想法——“主观的表示意义”——之间是一种什么关系？主观意思与“主观的表示意义”是不是同一个东西？在何种程度上才有理由说它是“意思”？或者说它是 25
否还另有所指？这些问题都是不无疑虑的。在这一点上，解释理论与意思表示理论的联系重新变得清晰可见。

对厄尔特曼而言，解释理论的核心问题是意思与语词、意思内容与客观表示意义之间的关系问题。厄尔特曼赞同蒂策的观点，区分了交易性法律行为和非交易性法律行为。[41] 对于非交易性行为，解释应当是纯粹主观的，那种无论通过什么办法可辨识的内在意思，就应当单独决定表示在法律上的重要性。厄尔特曼反对蒂策的限缩，即只应当重视那些与客观解释结果在一定程度上相一致的主观看法。厄尔特曼指出，问题恰恰在于这里究竟是否应当进行客观解释。毋宁说，在这里表示内容（Erklärungsinhalt）仅仅应当取决于表意人之可辨识的主观意思，无论这种主观意思是如何以及从何处被辨识出来的。而在交易性法律行为中，表意人的主观意思也在某种程度上决定着表示的内容——对我们而言，这是厄尔特曼学说的决定性部分——偏离于字面含义的意思，应当服务于认定表示的意义。[42] 因此，表示在法律上的重要意义既不完全是客观的，也不完全是主观的，而是主观的表示意义（subjektiver Erklärungssinn），只要该意义体现在了客观的表述词句中。而只有在不符合这种条件的情况下，纯粹客观的表示意义才是表示在法律上的重要意义。

具体而言，厄尔特曼的观点产生了如下结果：如果当事人对表示具有一致意见，则该表示在当事人所指称的意义上生效。如果相对人实际上辨识出了那种偏离于词句表述的、虽然可能是无法

〔41〕《法秩序与交易习惯》，第 135 页。

〔42〕 前引书，第 109 页。

26 在客观上可辨识的意思,则表示亦仍然在上述意义上生效。[43]“真实的意思”(Der „wahre Wille“),厄尔特曼指出,[44]“超越了与其相对立的客观的表示意义,并导致以下结果,即表示现在被当作是实际意义上的表达。”法谚“误言不害真意”也正是在这个意义上有效。此外,应当首先认定表示在交易上的含义,而且是依据对于表意人而言具有决定性的交易习惯。因此,厄尔特曼拒斥了那种把着眼点片面放在相对人理解可能性(Verständnismöglichkeit des Gegeners)上[的观点]。[45]“关键在于对表意人而言具有决定性的客观意义,在于他的交易习惯;若相对人已经辨识出表意人的真实意思,则交易习惯应当让位于表意人个体化的语言习惯、其错误表达的真实意思。”[46]相反,如果相对人没有辨识出表意人的真实意思,那么其单纯的可辨识性(die bloße Erkennbarkeit)并不足以使偏离于表示意义的“真实意思”具有决定性。就此而言,较之于鲁道夫·莱昂哈德和弗朗茨·莱昂哈德的理论,厄尔特曼的学说对意思表示受领人更为有利。不过,这里厄尔特曼也对其学说进行了限缩。即只要原意可以从表意人法律行为的举动(geschäftlichen Verhalten)本身——即一方面是与缔约形式相对立的“法律行为的总体构成”(„geschäftlichen Gesamtbestande“),另一方面是其他情事——中产生,那么就以该意义为准,“误言不害真意”的法谚在这里也有效。[47] 在这里,应当基于实际意思

---

〔43〕《法秩序与交易习惯》,第 102 页。《评注》第 468 页和《民法实务档案》第 117 卷,第 281 页。

〔44〕第 112 页。

〔45〕他在这里将“客观的表示意义”与“客观的理解意义”(objektiven Verständniswert)分离开来,他所谓客观的表示意义就是“受领人被允许对要约进行客观理解所得之意义。”前引书,第 134 页,注释〔2〕。

〔46〕前引书,第 133 页。

〔47〕《评注》,第 468 页。

(wirklichen Willens)对表示作出修正,“也就是说,基于那种通过其他方式表达出来的、在法律行为的总体构成中凸显出来的并且相对人已辨识和可辨识的意思。”[48] 反之,如果当事人因为偶然的、双方同样的错误而表达出了同样的东西,其原意却无法在行为构成中以客观上可辨识的方式得到凸显,那么就尚不满足前述条件。在这种情况下,只能以在客观上可辨识的表示意义为准。[49] 27

“真实意思”对于认定表示意义的重要性,最终体现在客观上多义的表示中。在这里,客观上多义的表示不应当无效,一如蒂策和弗朗茨·莱昂哈德所认为的那样,而应当在原意上有效,只要该原意与某一种客观上可认定的含义一致,即只要该原意体现在表示之词句中,哪怕体现得并非十分清晰(nicht eindeutigen Ausdruck)。[50] 因此,厄尔特曼认为,原意归根结底就是“真实意思”,应当通过解释尽可能地使原意有效,解释时需要虑及交易性法律行为中相对人的信赖,而作出某种有利于交易上之意义的限缩。诚然,为了发生效力,意思必须被表示出来。但是,如果这种意愿(das Gewollte)本身与客观的表示意义相悖,而要使这种意愿能够确定在法律上具有决定性的表示内容——有些是没有范围限制的,如在非交易性法律行为中,有些则是有范围限制的——那么,意思论意义上的“实际意思”,以及依意思论理解的《德国民法典》第 133 条意义上的“真实意思”,就是具有决定性的要素。除该要素之外,虽然还必须有表示,但是表示的意义本身却首先须向意思看齐。可见,对于二元论,虽然并未完全消解,但在根本上作出了有利于主观因素即意思的抉择。对这一观点作进一步续造的是马

[48] 《民法实务档案》,第 117 卷,第 297 页。

[49] 《民法实务档案》,第 117 卷,第 275 页。

[50] 《评注》,第 326 页以及《法秩序与交易习惯》,第 87 页。

尼希克的学说。[51]

28 对马尼希克而言,在表示中被表达的意思是具有决定性的要素,解释应尽力使其发生效力。因此,解释不应从表示的一般意义(generellen Sinn)出发,试图通过对具体情事的关注来深化对表示的个别化意义(individuellen Sinn)的理解,而是反过来,应当从表意人的“实际意思”出发,询问这一意思在表示中是否得到了某种在一定程度上可以理解的(einigermaßen verständlichen)体现。因此,所有解释在根本上都是主观解释,它从“实际意思”出发、从表意人的主观认识出发,然后为其附上某种客观的要求。解释必须不断地以“实际意愿”(„wirklich Gewollten“)为方向。[52] 因此,对于从事解释工作的法官而言,首要的问题永远是:“当事人通过表示想要(wollen*)表达什么?”[53]表示的意义,不是抽象、固定的因素,而是“与当事人具体的看法(Ansichten)和意图(Absichten)紧密相连,并被 他们所承载。”[54]因此,当意思表示相对人已经理解了表意人原意之时,由于原意不再取决于表示本身,因此表示的内容就完全仅由意思的内容来确定。从这一观点中可以得出如下结论:在双方当事人一致同意的情况下,表示在该双方当事人所意欲

---

〔51〕 赫尔德在《意思表示解释理论及其内容错误之含义理论》(Zur Lehre von der Auslegung der Willenserklärungen und der Bedeutung des Irrtums über ihren Inhalt)中建立了一个解释理论的独特的主观主义模型。他认为:若表示被理解为表意人之原意,则它在这个意义上有效。若原意是可以理解的,则它具有决定性。否则,表意人自己不能使其原意有效,但必须使原意对表意人自己发生效力。参见前引书,第 14 页。

〔52〕《错误与解释》(Irrtum und Auslegung),第 193 页;《耶林年鉴》,第 75 卷,第 215 页。现在类似的著述还有恩内克策鲁斯,第 530 页。

* 原书中的 das Wollen, wollen, will 都是同一动词的变位和名词化,可译为“意愿”。其名词化的第二分词 das Gewollte 则应把被动含意译出,即“所意愿的”或“有所意愿的”。但为照顾汉语语感,译者有时进行了变通处理,凡变通之处均附加德语原文。在此提请读者留意。——译者注

〔53〕 第 194 页。

〔54〕 第 195 页。

的意义上生效[55];若表示是多义的,则表示在原意的意义上被理解的那一种意义有效[56];真实意思倘若被错误表达,则以无论何种方式可辨识的真实意思视为被表达出来。“误言不害真意”规则以《德国民法典》第 133 条为效力根据,马尼希克认为,这条规则是他所主张的主观解释优先原则的最清晰的体现。[57] 马尼希克 29
对该规则进行了极为广泛的推展。他认为,在客观上不能苛求意思表示受领人辨识出表意人的真实意思,而受领人却仍然辨识出了表意人真实意思的情况下,“误言不害真意”的规则仍应发挥规范作用。[58] “内在共识”(„innere Consens“)在这里“间接地”创造出了外在共识(äußeren Consens)。[59]

由于表示的含义首先是建立在作为其根基的真实意思的基础之上的,因此,对表示作出另外一种评判、某种客观的诠释、或者——如马尼希克也说到——某种规范的诠释(normative Deutung),仅仅在真实意思要么没有被相对人辨识出,要么在表示中是不可辨识的情况下,才有适用余地。较之于主观解释,客观解释或者规范解释(normative Auslegung)只是辅助性的。[60] 在这里,我们再次看到了主观解释方法优先原则。不过,在客观解释方法辅助性的适用范围内,马尼希克设想的客观解释方法是从相对人的角度来诠释表示的。[61] 这样,马尼希克就把从学术中发展形成的客观解释方法和主观解释方法整合了起来,但他不仅是通过将不同的解释方法分配到不同的应用范围中去的方式——将一种解

〔55〕 第 194 页。
〔56〕《耶林年鉴》,第 75 卷,第 181 页。
〔57〕《错误与解释》,第 202 页。
〔58〕《耶林年鉴》,第 75 卷,第 211 页。
〔59〕 前引书,第 215 页。
〔60〕 前引书,第 215 页。
〔61〕《错误与解释》,第 122 页。

释方法应用于交易性法律行为，将另一种应用于非交易性法律行为，而且是通过让一种解释方法从属于另一种解释方法，并赋予其辅助性的适用方式，实现了这两种解释方法的整合。马尼希克认为，解释方法的这种二元论是建立在两项不同的法律原则基础之上的，这两项法律原则在意思表示的法律规制中是相互交错的。一项原则是意思自治，该原则认为表示仅仅是某种无关紧要的体现，在表示的背后才是某种“真正具有决定性的东西”；而另一项
30 原则是表意人负责原则，即表意人对其举动的表示意义承担责任。

对马尼希克而言，表意人对其表示承担责任是对意思原则之主导地位的必要修正。“每个人都应就其相对于他人所采取之举动所具有的表示价值”（den Erklärungswert seines einem anderen gegenüber beobachteten Verhaltens）负责。[62] 每个人不仅要对其举动作为表示之意义负责，还要对表示具有特定的内容上的含义负责，而无论他的原意是什么。这种责任，体现为依据《德国民法典》第 119 条规定可撤销的错误表示只是暂时地有效，体现为成功撤销之后须根据《德国民法典》第 122 条规定承担损害赔偿义务。诚然，这里也再次展现了意思原则的“优先性”，即意思原则“确定了法律行为效力的首要问题，而责任原则的影响仅仅局限于某种赔偿义务的产生。”[63] 因此，根据马尼希克的观点，主观解释方法是以意思原则为基础的，客观解释方法是以表意人责任原则为基础的；而主观解释方法优先于客观解释方法乃基于意思原则的“优先性”。

正如马尼希克所正确认识到的那样，人们对其举动的负责是

---

〔62〕 第 242 页。持相同见解的还有诺伊贝克（Neubecker）：《言论与著作的责任》（Haftung für Wort und Werk），载《柏林大学法律系奥托 · 基尔克纪念文集》，第 3 卷，第 177 页及以下。

〔63〕 第 247 页。

以其可归责性（Zurechenbarkeit）为前提的。然而，马尼希克却将此种可归责性局限于该举动本身，并将其建立在过错的观点上。[64] 只有因故意或过失而采取的举动，行为人才须对其表示意义负责。根据马尼希克的学说，只要该举动本身是可归责的就足够了。而对于表示意义的可归责性，他根本就没有想到。我们最好用他自己所举的一个例子来说明这两者的差异何在。

A 和 B 相互商定，A 通过晚上在其家中的一个特定窗户放置 31
一盏灯的方式，来表明其对 B 向自己发出的要约的承诺。现在，A 在指定的位置上放置了一盏灯，却错误地以为这个信号按他们之前的约定是拒绝要约。这里，A 不得不承认其举动作为对要约的承诺而发生效力，只是他可以因错误而撤销［其承诺］。马尼希克也会对下列情况作出同样的判断，即当 A 根本没有想起他与 B 的约定时*。也就是说，A 不仅对他表示的内容之含义发生了错误，而且也对他的举动作为表示的意义发生了错误。A 之所以要负责，是因为他的举动本身是可归责于他的：他“故意地”在约定的位置放置了一盏灯。因此，假设他是在梦游或者被催眠状态下在窗户放置这盏灯的话，那他就不必承认他的举动作为表示发生效力。但另一方面，假设不是 A 亲自，而是另一个人在 A 知道的情况下将这盏灯放置在窗户，那么这一事件同样是可归责于 A 的。——当然，我们也可以变更一下这个例子：A 在并无过错的情况下，即如在 Semilodei 案中因第三人的参与，给这个事件赋予了异于 B 所理解的另一种意义。此时，该事件本身依然是可归责于 A 的，只要他是故意地放置了灯。但 A 是否因此而负责呢？很明显，B 从该事件中推断出的那个意义，是不可归责于 A 的。表意人

---

〔64〕 第 250 页及以下。

* 意即 A 在根本没有想到约定的时候，“无意的”放了一盏灯在指定的位置。——译者注

所负之责任,一方面在其举动本身,另一方面在其举动的表示意义,这种责任所要求的不仅仅是举动的可归责性,还有表示意义的可归责性,以及表示之内容含义的可归责性。我们提出的表示意义之归责这一思想,是一个崭新的解释原则,我们觉得该原则适合于消除主客观解释方法之间的二元对立。

马尼希克为解释方法的二元论奠定了最深刻的基础,他把该
32 二元论归结到了两项一般法律原则,即意思原则和责任原则之间的二元对立上。但他没有反问自己,这两大原则该如何相互协调一致。如果意思基本上确定了表示的内容,那么在此之外怎么还可能由表意人为客观的表示意义负责呢?如果当事人的“内在共识”可以代替“外在的”共识的话,那么表示还有什么存在意义?究竟应当如何理解与“外在的”共识相对立的“内在的”共识?“内在共识”又如何产生“外在共识”?马尼希克将意思表示设想为“由意思与表示这两个具有独立性的要素组合而成的东西”,这种观点究竟还有没有意义?[65]

主客观解释方法的二元论可以追溯至意思和表示的二元论,并植根于此。人们根据自己对与表示关系中的“意思”所赋予的重要性,为这种或那种解释方法设置了优先性。但只有在意思表示整个是指向表达某种独立于意思表示而存在的既有意愿(ein unabhängig von ihr bestehendes Wollen)之时,才能把对该意愿的探究看作是[意思表示]解释的任务,并将对客观表示意义的查明置于这种意愿之下。如果意思表示虽然被当作是一种被意愿的行动(eine gewollte Handlung),但依其意义却并不是一种对独立于该意思表示的意思的表达,而是其他什么的话,那么情况就会迥异。因为如果持这种观点,解释就无需再考虑某种存在于表示之外的、纯

---

〔65〕 第86页。

粹残留于“内部”的所谓的行为意思（Geschäftswille*），而仅需考虑作为意思行动（Willenshandlung）的表示，考虑该表示两方面的内容：一方面是表示行动的意愿（Wollen）、其意义、其含义；另一方面是表示行动的客观含义；也就是说，“意思”不是一种孤立的心理活动，而是作为在行动中发生着的、作为表示行动 33
（Erklärungshandlung）的主观因素，解释因此就不再是探究位于表示之外的意思，而仅仅在那设想为意思之现实化与意义之客体化（Willensvollzug und Sinnobjektivation）的表示中，在其“主观的”和“客观的”要素中左右逢源。我们把这种评判——凭借这种评判我们把某一行动的主观方面与客观方面以可以产生某种法律责任的方式联系起来——称之为归责。就像是如果行为人符合特定的“主观”要件，我们就可以将行为（Tat）本身归责于行为人一样，[66] 我们也可以把规则运用到一种更广泛的意义上，即对行为人的某种行动之意义、含义进行归责，以便将行为人的责任恰好确定在该行动在法律上具有决定性的意义上。只要能够成功证明下列问

---

* 我国民法学界对法律行为诸要件的约定俗成的译法分别为：行为意思（Handlungswille）和效果意思（Geschäftswille）。这种译法直接导致了对 Handlung（行动）和 Geschäft（行为）的混淆，以至于会出现将 die rechtsgeschäftliche Handlung（法律行为之行动）译为“法律行为之行为”一类与汉语语感不符的概念。事实上，按照与德国通说的严格语词对应（也请参见本书导论部分有关概念四分法的译者注），意思表示主观三要件应分别译为行动意思（Handlungswille）、表示意思（Erklärungswille）、行为意思（Geschäftswille），即分别是对法律行为之行动的意思（强调单纯的做动作意识和物理属性）、对其行动将引起法上重要性的意思［因此又叫表示意识（Erklärungsbewusstsein）或法律约束力意思（Rechtsverbindungswille）］、对法律行为的意思（强调对特定效力果的意愿和追求，因此被意译为效果意思）（Vgl. *Flume*, a. a. O., S. 46 f., *Brox/Walker*, Allgemeiner Teil des BGB, 39. Aufl., S. 44 f.）。由于拉伦茨在本书中深入探讨了意思表示各要件，采取通用译名将导致汉语理解的紊乱，甚至译文的不可通达，所以译者采取了严格依照德文表达的译名，请读者留意。——译者注

〔66〕 关于行为归责的问题，参见拉伦茨：《黑格尔的归责学说与客观归责概念》，第 60 页及以下。

题,解释问题也就可以被理解为归责问题,即应该考虑的并非某个独立于表示的、在表示之前就已终结的只是反映在表示之中的“行为意思”,而只应当从两方面来考虑作为意思之现实化与意义之客体化的表示:主观方面,即行为人之原意;客观方面,即可被理解的(verstehbaren)或应予理解的(zu verstehenden)含义。因此,为了弄清楚意思对于意思表示解释的重要性,我们必须研究意思表示依其逻辑特征究竟是什么——是某种意愿的告知,抑或是其他什么东西——其作为意思表示的意义究竟植根于什么地方。

第二部分　意思表示作为效力表示的情感特征

在法学中，大概只有很少几个概念像意思表示那样充满争议。用一段简单明了的语句来归纳众多观点，几乎是不可能的。涉及意思表示的概念时，就会提出下列双重问题。一方面，每个意思表示都是一种人类行动，一种意志的活动；因此，如同任何一种行动一样，意思表示除了要求表意人进行特定的身体活动之外，还要求在表意人意识之中具有某些条件，即行动的某种“主观要素”。而由于作为表示的意思表示同时也要将某个特定的意义表达出来，因而在行动之身体要素的意识之外*，还要有一种对行为意义的意识，而且这种意识不仅是对作为法律行为之表示（rechtsgeschäftlicher Erklärung）的意义——在下文中我们将这种意义称之为表示意义（Erklärungssinn）**——的意

* 人们的每个行为都是在这种意识的控制下实施的，由于人们肢体的动和静是在这种意识的控制下进行的，因而这种意识构成行为的身体要素之一。而法律行为意义上的意思表示作为一种特殊行为则除了此种意识之外，尚须具备其他意识。——译者注

** 我国学者一般称此种意识为表示意识，但梁慧星教授也像拉伦茨教授一样用“表示意思”称之。参见梁慧星：《民法总论》，法律出版社 2011 年版，第 173 页。——译者注

识,还是对其内容上之含义的意识。也就是说,这里的问题是如果把某项意思表示归责于表意人,那么在表意人方面是否必须要求他意识到其行动作为法律行为之表示的意义,或者甚至意识到其行动在内容上的含义,必须具备哪些主观条件。

只有在某一举动本身是被意愿的(Verhalten als solches gewollt ist)的情况下,才存在一项私法意义上的具有法律上重要性的“行
35 动”(„Handlung“)。[1] 因而,某人在睡梦中或者被催眠或者在直接强制力的作用下进行的表达,不会被看作他的行动,因此也不会被视为意思表示。除此之外,主流学说还主张,要么表意人必须意识到其表达作为某种法律上的意思表示的意义,即其“表示意义”,或者其表达正是在此种意义上被表意人所意愿的;[2]要么干脆在行动的身体要素之意愿外,抛弃一切其他的主观要求。如此,对作为意思表示的某种行动的可归责性问题,就包含了对某种行动本身的归责问题,以及对某种作为意思表示的表达之意义的归责问题。表意人是否必须意识到其行动作为意思表示的意义,他的行动才能被看作是意思表示,亦即该行动才能被归责于他呢?这个问题与下面一个问题紧密相关,即表示在内容上的含义的可归责性问题,因为表示在内容上的含义是以表示作为法律上的意思表示这一意义为前提的,因而表示含义的可归责性,与其表示意义——其作为意思表示的意义——的可归责性,是不可分的。

但是,人们不能将“意思表示”仅仅理解为一种表达了某种特

---

〔1〕 参见冯·图尔,第103页;亨勒,第97页及以下。亨勒将“意思表示身体要素的意愿”(„Wollen des körperlichen Elementes der Willenserklärung“)称为行动意思(Handlungswillen)。我们将行动本身的可归责性(Zurechenbarkeit der Handlung als solcher)作为意义的可归责性(Zurechenbarkeit des Sinnes)的对立。

〔2〕 关于亨勒的“新的表示意思”(„neuerer Erklärungswille“),见前引书,第129页及以下。马尼希克所提出的“通知目的”(„Kundgebungszweck“)与“表示意思”没什么区别,只要我们把意思表示理解为某种(指向他人的)传达(Mitteilung)。

定意义的行动,还应当将其理解为被表达出来的意义,理解为一种特定的意义内涵(Sinngehalt)。如果我们自问,意思表示的存在是否要求表意人具有将其行为的意义理解为意思表示的意识,紧接着就会产生究竟什么是意思表示的意义这个问题。因此,这里我们不会再问作为行动的意思表示是什么,而要问作为特定意义之载体、作为意义构造的意思表示是什么。被说出来或被写下来的词语的“意义”,是某种有别于说和写之过程的东西。这里涉及的 36
是任何蕴含意义之行为、亦即任何人类精神的任意表达所产生的非常普遍的现象,这种表达的指向是体现某种特定的意义。无论这种表达的素材是语言还是文字,是银幕还是色彩,是声响还是音色。这种“意义”总是一方面内在于行为(说话、书写或描画等)之中,并被行为所承载和形塑,另一方面又与该行为相分离并独立存在。在理解意义时,只要是该意义附着于某种保存它的材料,就无需考虑那最初将该意义表达出来的行动。[3] 诚然,说出来的话语仅比说话的过程长寿几分之一秒,因为声音只是一种容易消逝的介质,与此不同的,是以书写或以其他耐久方式记载的话语。话语以字母的形式书写在纸张之上时,就留存了意义:某种虽然无形无体,但却束缚在有形材料上的东西(Etwas),这种东西我们虽然看不见摸不着,但我们能够理解它并识别其逻辑含义。这即是说,在意思表示的概念中,应区分两个方面,同时应将这两个方面联系起来:作为行动的意思表示以及作为客观逻辑的意义构造(objektive-logisches Sinngebilde)的意思表示。意思表示作为客观逻辑的意义构造,在现在需要探讨的问题是,意思表示自身的意义何在,它依其意义指向何处。

主流学说对意思表示客观意义这个问题的回答是,表示首先

---

[3] 对此参见弗里尔(Freyer):《客观精神理论》(Theorie des objektiven Geistes)(第2版),第29页及以下。

应指向某种法律后果的产生。[4] 主流学说将意思表示区别于诸
如催告(Mahnungen)、期限设定(Fristsetzungen)、催告(Aufforde-
37 rungen*)等“准法律行为”(„geschäftsähnliche Handlungen“**),认
为准法律行为并不指向某种法律后果的产生,但它们依其内容与
某种既存的法律关系相关,并且与法秩序所确定的法律后果相关
联。[5] 但此种观点也并不缺少反对者,反对观点认为意思表示指
向的仅仅是某种其他的(非法律的)后果的产生,或者是指称表意
人的一种作为(Tun)或者一种期待(Erwartung)。[6] 依此种观点,
意思表示将丧失其专有的法律特征。意思表示依其客观上的内容
成分,无法与其他不具法律重要性的表示区分开来。而且下列问
题仍然存在:意思表示的逻辑特征是什么?其作为意思表示的专
有意义是什么?可否将意思表示理解为诸如关于某种意愿、行为
或期待的陈述(Aussage),或者理解为一种愿望(Wunschsatz)、命
令(Befehl)或者其他什么东西?

目前的主流学说,不仅仅是所谓的意思论,而且将表示指向的某种法律后果理解为:表示把这种法律后果描述成是表意人所意欲的。因而,对于主流学说而言,意思表示依其逻辑特征,就是对

[4] 参见恩内克策鲁斯,第350页:“表示依其内容必须指向某个法律效果的引发(Herbeiführung),即指向某个法律关系的成立、消灭或者变更。”此外,还参见厄尔特曼:《评注》,第274页及以下,以及其在那里所提到的问题。

* 《德国民法典》使用了不同的语词来表达“催告”:在第286条关于债务人迟延的催告,使用的是Mahnung;而第177条无权代理时相对人对被代理人的催告,和第1965条关于申报继承权的催告,使用的是Aufforderung。——译者注

** 根据前文所介绍的四分法,其准确译名应当是“类似于法律行为的行动”。——译者注

[5] 参见恩内克策鲁斯,第351页。在我看来,早期版本中的(比如第17版,S. 354)概念更准确和清晰,后面的版本的概念则过于宽泛因而不确定。也参见冯·图尔,第106页以下。

[6] 参见亨勒,第265页及以下,以及第62页的注释〔2〕和注释〔3〕。

一种指向引发某种法律效果之意愿的宣告(Kundgabe eines auf Herbeiführung eines Rechtserfolges gerichteten Wollens),这种意愿即所谓的行为意思或者法律后果意思(Geschäfts-oder Rechtsfolgewillens),这就是说,意思表示依其逻辑特征不是其他什么事物,而是一种以完整的心灵过程(einen abgeschlossenen seelischen Vorgang)——即所谓的行为意思——为对象的陈述。[7] 如此,对主流学说而言,就产生了如何协调意思和表示的难题,即如何协调对法律后果的意愿与该意愿的表示这两者之间相互关系的难题。 38
"意思论"将意思表示的正确性要求纳入到意思表示的概念中。意思论要求被意思表示所指称的意愿必须是现实存在的,亦即此说要求"意思和表示相一致"。[8] 如果缺乏这种一致,那么表示就是不正确的,而这种不正确性通常也会妨碍表示的有效性。与此相反,"表示论"并不要求意思和表示的一致,但它并不否认表示是对"行为意思"的宣告。可见,只要存在"外在的事实构成"(„äußeren Tatbestandes"),原则上就可满足表示论的要求,即使这种外在的事实构成只是纯粹的"表象"(bloßer „Schein")。因此,意思论与表示论的对立是以下列观点为前提的,即意思表示是对意愿的宣告,如果这一前提丧失了,这种对立就失去了对象。不过,经常被表述为"意思论"的还有一种学说,它并不认为行为意思是必需的,而是认为只要有表示意思的存在,或者对于表示意义之意识的存在就足够了。[9] 然而,这种理论已经不再是真正意义上的意思论,亦不关涉表示的内容是否必须与行为意思相一致的问题,而是关涉表意人是否必须意识到他的行动之意义是作为意

---

〔7〕 冯·图尔,第400页清楚地表明了这一点:表示是"一种行动,其目标在于,将精神生活(Seelenlebens)的过程告知共世者(Mitwelt)。"

〔8〕 亨勒,第3页。

〔9〕 正是在这个意义上亨勒的学说被认为是意思论。

思表示的，且该意思表示本身是他必须已经意愿的。这里，人们或许可以称此说为“表示意思论”（„Erklärungswillenstheorie“），而与此说相对应的、通常被径直称为“意思论”的学说，则应称为“行为意思论”（„Geschäftswillenstheorie“）。“行为意思论”主张意思表示从内容方面来看是对“行为意思”的宣示（Verlautbarung），这种行为意思被理解为一种心灵的过程，并要求表示应当与行为意思
39 相符。而“表示意思论”则仅要求，表意人必须把其意思表示本身作为其所意愿的，此说并不主张表示是对某种行为意思的宣告，因而并不要求存在这种行为意思。最后，“纯粹表示论”（„reine Erklärungstheorie“）指的应是这样的观点，即应该抛开表示意思或对于行动之表示意义的意识，仅仅有“外在的事实构成”即已足够。

我们首先要问的是，对于表示之客观的意义内涵而言，意思的含义是什么；我们问的也就是，表示依其专有的意义是指向某种意愿的宣告，还是指向其他什么东西。因此，我们并非首先追问意思论或表示论或折衷论对于《德国民法典》而言是否是恰当的理论，相反，我们要追问的是意思论与表示论的共同前提，亦即意思表示依其逻辑特征是对某种意愿的宣告——无论这种意愿指向的是哪种法律后果、哪种经济后果还是其他事实上的后果，在我们面前有两条道路可供选择。我们可以通过证明这种观点——即认为表示意味着对某种意愿的宣告，而意愿却正是凭借表示才得以实现——在逻辑上是荒谬的，也可以通过分析某些具体的意思表示来说明其意义指向的并非是对某种意愿的宣告，而是指向其他东西。我们先选择走第二条道路，在这条道路上，我们显然无法比取得以下认识收获更多的东西，即前文所论及的意思表示不能够被理解为意思宣告。为了确保这一结论的普遍有效性，我们必须对其加以逻辑探讨的补充，以便对那些作为具体的意思表示之意义呈现在我们面前的东西，作出其逻辑含义是什么的考察。

现在，如果我们观察那些被《德国民法典》评价为是意思表示的事实构成，那么我们首先就会发现表述的巨大多样性。我走进 40
商店对售货员说："请您给我这个东西！"，或说"我希望买这个东西"，或说"我要买这个东西"或说"我买它""我要它"或者诸如此类的话。按照表述的形式来看，我的话语里包含着对售货员的一种命令或请求，或者是对一种愿望或意图或行动的要求或告知。不过，我的话语的意义却总是相同的：我发出了一个购买的要约。或者我转让某物给他人。根据《德国民法典》（第929条）的规定，当事人应当就所有权的"应当转移"达成一致并相互作出表示。我可以如此这般来作表示，我可以说"这个东西应当归你"，或说"这个东西归你了"，或说"我想要它归你"，或说"我将它的所有权转移给你"或诸如此类的话。可见，同样的意义内涵可以用不同的方式表达出来。这也是一种普遍现象。我可以用言说某种意愿或愿望的形式来表达命令，同样也可以用言说某种未来事件的形式来表达我现在的意愿。[例如，我可以通过说"事情将会这样发生"（„so und so wird es geschehen"）来表达我做某事的意愿。]可见，我无法仅从语言的表达形式中来推导表示的意义内涵。因此，个案中的意思表示不管其所采取的形式是要求、请求还是通知，其所表达的是表意人的意愿、愿望、行动还是期待，对于意思表示依其意义所表达的这种或那种东西而言，它们都不具有决定性。所以，我们不能够从字面出发，而是必须追问表示依其意义意味着什么，然后再从该意义出发，来寻找对其意义内涵的适当表达方式。

作为法律上的意思表示的例子，我们首先选择赠与允诺。这
就是《德国民法典》第518条所规定的那种合同，"通过它，某项给 41
付以赠与的方式被允诺"（„durch den eine Leistung schenkweise versprochen wird"）。在这两个相互一致、可以产生合同的意思表示中，每一个都是指向作为赠与的给付之允诺的：一个发出了赠与的允诺，另一个接受了赠与的允诺。那么，这个允诺表明了什么？

首先是某种“给付”。它意味着债务人的某种权利移转,或其他的作为或不作为。只要给付义务的对象是某种权利移转——这也是最通常的情形,那么给付本身就存在于某种法律行为的行动之中,即某种意思表示之中。也就是说,我们称之为“允诺”的意思表示,其本身也可以指向另一个意思表示,即对该意思表示进行“允诺”的意思表示。不过,即使所允诺的仅仅是某项事实上的行动,其中涉及的却是某个法律上负担义务的对象,[10] 这即是说,“给付”意味着一种行动,它可以成为某种法律予以规范的可能对象。就此而言,“给付”这一概念中,已经概念式地(begrifflich)包含了某种与法律的关系,诚然,这种关系在具体的表示中无需凸显出来,因而在这里并无重要性。

在赠与允诺中,所允诺的“给付”就是“赠与”,它是指一种无偿的给予(Zuwendung)。这个概念所表达的是一个专门的法律事实(rechtlicher Sachverhalt)。人们可能会提出质疑,认为“无偿性”指的仅仅是一种经济关系,而非法律关系。然而在经济上,与一种给付相对应的,也可以是一种在法律上意味着赠与的对待给付。
42 给付与对待给付之间的法律关联可以不存在,即便在它们之间存在着某种经济关联。送给雇员的圣诞礼物可能在经济上被看作对雇员工作的对待给付,但在法律上却被看作是赠与。因此,在将给付称作赠与的情形中,起决定作用的是法律上的关联,而非经济上的关联。通过把某种东西称作赠与——同样如把某种东西称作借贷或称作对待给付——我们就把这种东西归入了一种法律上的关联(rechtlichen Zusammenhang)之中。“给付”由此而获得了其法律上的性质(rechtliche Qualifikation)[在这里即赠与原因(donandi

〔10〕 参见冯·图尔,第182页,以及他的教科书和《评注》对《德国民法典》第241条的论述。那种认为“给付”必须要具有某种财产价值(Vermögenswert)的观点过于狭窄了,但给付的确必须具有对债权人而言进行法律保护的价值。

causa)]。如此,我们可以看到,在作为赠与的给付允诺中,人们已经表达了某种法律的后果,而不仅仅是经济的后果。就此而言,表示在内容上指向的是某种法律后果。可是接下来要问的是,将某种给付作为赠与而允诺,究竟意味着什么,即"允诺"自身的意义,而非允诺之对象的意义何在,当我"允诺"某事之时,这种表示依其意义意味着什么。[11]

人们可能会认为,对于某种行动的允诺(Versprechen einer Handlung)并非意味着其他什么事物,而是一种表明我将要实施这个行动的表示——对我将来行动的一种预示(in-Aussicht-Stellen)、预告(Voraussage)。但允诺的意义在这里并没有被揭示出来。这样一种预告所包含的仅仅是一种对将来事实的主张,即使这种将来事实的发生完全依赖于我自己。这种预告缺乏允诺所特有的约束(Bindung)。无论对允诺人的这一约束应当作如何具体的考察,这一约束反正是在允诺中被当作原意表达了出来,而并不是仅仅被法秩序附加在了其本身尚不包含该约束的表达(Äußerung)上。我所理解的允诺,不是纯粹的宣示或预告,而是相反,允诺是一种具有拘束性的表达,通过它,允诺人进行了自我拘束。尽管允诺的法律拘束力是通过制定法才确立的(一如允诺的 43
道德拘束力是通过道德准则而得以确立的[12]),但允诺依其意义却是早已指向了约束的,它表明这种约束,或者意味着这种约束。对此可能作如此理解,即允诺就是指我有实施被允诺之行动的意思或者意图。不过,即使在这种情况下,允诺也仍然仅仅是对某种事实的陈述,而且是对某种现时的和心理的事实的陈述,对某个此刻的决心(augenblickliche Entschlossenheit)的陈述。但是,对——

〔11〕 下面也可参见赖纳赫(Reinach):《民法的先验基础》(Die apriorischen Grundlagen des Bürgerlichen Rechts),第21页及以下。

〔12〕 参见下文,第53页及以后。

现时的或未来的——事实的陈述，明显欠缺被我们所强调的拘束要素。此刻的决心无论如何都不意味着某种最终性的和拘束性的东西。我可以改变我的决定，取消我的意图，而无需陷入与我此前的陈述自相矛盾的境地。如果我改变了我的决定，不再按我最初所想的那样去做，那么这一点与下面的事实——即我之前另有所想——以及我对之前意愿的宣告，并无任何关系。与此相反，如果我实施了与我所允诺之行为不同的行为，那么我就摆脱了约束，我“违背”了我的允诺。可见，允诺并不意味着允诺人仅仅想干什么，而是意味着允诺人进行自我拘束。允诺并非说明某种依其性质转瞬即逝的意愿的存在，而是旨在实现某种终局性的东西，在于效力(Geltung)。人们可能会说，认为允诺的这种约束、这种终极有效性(End-Gültigkeit)正是允诺人所意愿的观点，是一种荒谬的循环论证。在这里，暂时性的要素再次被纳入“意愿”之中，因为某种“意愿”就不是什么具有终局性的东西，而只是一个具有时间性的过程，它本身在一个特定的时间点终结，却并不会获得拘束力、不会获得效力。允诺的意义，并不在于显示这种过程，而在于
44 给某种意愿的内容赋予终局性特征，使其摆脱主观想法和欲求的变幻，并因之创设了一种超越时间的拘束性。所以，允诺所说的，既不是允诺人将要(werde)做某事，也不是他意愿(wolle)做某事，也不是他意愿受到拘束，而是说，允诺人与某种行动结合在一起，而且这种拘束应当发生效力(gelten solle*)。只要这一允诺被说出，它就被抽离了他的意愿，具有了终局性。因此允诺就发生效力，而发生效力，并不是“我意愿如此”的意思，而是“如此才是对的”(rechtens)的意思。

我们现在来考察另一类意思表示，它不以创设拘束力为目的，

---

* 译者将动词形式的 gelten(及其各种变格)译为“发生效力”，其第一分词 geltend 相应地译为“发生效力的”。——译者注

而是以某项物权的移转为目的：所有权移转表示（Übereignungserklärung）。假设它仅仅是说表意人意愿移转某物的所有权，那么它仅仅又是表意人就其现时既存之意图所作的一个没有拘束力的陈述罢了。但是对这一意思表示，既不是这样指称的，也不是这样理解的。通过这一转让表示所要表达的，并非一个仓促冲动的欲求，也不是表意人的意愿本身，而是被提升至客观性的、被赋予了终局性特征的意思之内容。转让表示并非公示某种意图，而是对下列法律事实作出了有拘束力的规定：所有权"被"移转了。此处作出的规定，会独立于当事人的主观心愿而发生效力，而且这种对发生效力的指向就体现在表示中。效力是一切法律上联系的客观性形式（die Form der Objektivität aller rechtlichen Beziehungen）。一项具体的请求权、一项具体的主观权利，如所有权，是一种发生效力的法律联系（eine geltende Rechtsbeziehung），即这样的法律联系客观存在于法律效力的形式中。因此，如果意思表示依其被指称的和被理解的意义，指向对某些法律联系或法律关系（它是诸法律联系的结合）作出规定，且这种规定涉及它们的客观存在，那么，这个意思表示就是指向某种法律效力的产生的。它所说的并非什么东西存在（ist），而是什么东西应当发生效力（gelten soll）。与其表示意义相应的表述，亦即意思表示依其意义所意味着的，是这些话语："它应当如此发生效力"（„So soll 45
es gelten"）或者"如此才对"（„So sei es rechtens"）（„Ita jus esto"！）。如果这些话语也没有被清楚地说出来，人们依然可以将它们附加在每个意思表示之上，并把它们改写为一般的意义内容。所以，意思表示不是意愿表示（Wollenserklärung）或者意图表示（Absichtserklärung），而是效力表示（Geltungserklärung）。

现在，我们要对我们所获得的结论的逻辑含义进行检验。我们首先要问的是主流学说所持的观点，即意思表示所刻画的是对法律后果的意愿,在逻辑上是否可能有意义。这一问题又依赖于对另一个前置问题的回答:人们究竟能否有意义地(sinnvollerweise)意愿某种法律效果。在宾德尔(Binder)的法哲学中,答案是否定的。[13]

根据宾德尔的观点,法律后果存在于事实构成与法律条文的逻辑关系中,存在于事实构成的规范相关性中。法律后果"无论在物质世界还是在精神世界中,都没有对象的现实性",因此,法律后果既不能被引起(bewirkt),亦不能被设为目的(bezweckt),因而也不能被意愿(gewollt)。而且正如宾德尔明确指出的那样,无论当事人还是立法者都无法做到这些。如果这种观点是正确的,那么持表示是以某种方式指向法律效果的看法就变得毫无意义,因为这种对法律效果的指向对于法律效果的产生本身而言是没有意义的。正如犯罪本身并不包含对刑罚的指向一样,意思表示本身也不可能包含对法律后果的指向,因此宾德尔也将意思表示看作是"表意人做某事或者将要做某事,或者期待另一方当事人将会做某事。"然而我们已经看到,不能够设想这种"做"(„Tun")是
46 缺乏法律含义的。当事人并非是一些通过自己的行为来设置法律规范所涉及的事实构成的法盲,而是参与到支配着法律的理性精神之中,并且有意识地与他们的法律关系发生关联的法律主体。[14] 法律后果也不仅仅局限在事实构成的规范相关性之内。它当然不是某种实在的东西(Dinghaftes),它既不属于心理的现实性也不属于物质的现实性。可宾德尔恰恰将法律归入"现实性的

〔13〕 宾德尔前引书,第902页及以下。对此现在也可参见F.佐默尔:《批判现实主义与实证法学》,第1卷,1929年版,第111页及以下。

〔14〕 这一观点恰好与宾德尔的观点一致,他认为法律主体(Rechtssubjekt)是客观理性的载体,是"法律的主体"(„Subjekt des Rechtes"),而不仅仅是"权利的主体"(„Subjektives von Rechten")(第443页)。只有当法律的主体作为法律世界的成员恰好能够运用其意思作用于有关他的法律联系之形塑(Gestaltung)时,才是法律主体。

第三帝国"(„dritten Reich der Wirklichkeit")，即客观的意义构造的帝国(Reich der objektiven Sinngebilde)之中，而客观的意义构造并不仅仅是法律规范、制定法，而且还包括与之相符的具体法律联系：一项债权，一项物权。但是，法律后果是一种发生着效力的法律之联系(Rechts-Beziehung)，即它存在于法律效力的形式之中。在效力表示中得到表达的某项特定内容，通过客观法的效力赋予而获得了法律效力。因此，具体法律联系的效力就是建立在意思表示与制定法相一致的基础上的。诚然，这种一致性应当被理解为是一种逻辑上的关系，而非因果上的关系。在这一点上，宾德尔的意见完全正确，即在事实构成与法律后果之间并不存在因果关系。法律后果并非由意思表示所"造成"(verursacht)，而是随着意思表示进入效力之中(tritt in Geltung)，因为法秩序为意思表示赋予了效力，且只需法秩序赋予效力。同样，意思表示，即意思表示的意义本身以及相应的含义，也不是被"造成"的。只有在感官上可感知的过程才是可以被造成的，如意思表示的物质材料(声波或笔迹)可以被造成，意思表示的含义就不能[被造成]。在说话 47
或书写的过程与其意义之间，并不存在具有某种因果的关联，就如同意思表示与法律后果的效力之间不存在因果关联一样。然而，这个东西与另一个东西是联结着的。意义联结着话语，法律后果的效力联结着表示。我们可以将这种关系称作一种配置(Zuordnung)：前一种情况是语言，有时是纯粹的习俗或者个人间的约定，它们为某个话语"配置"(„zuordnet")了它的意义；后一种情况是法律为意思表示"配置"了与其相适应的法律后果。不过，由于这种配置是制定法以普遍有效的方式完成的，因而个人可以对此进行持续的预期，并使自己的行为举止与此相适应。但是，也有可能出现这种情况，即人们意愿的某种东西是人们不能"造成"的。也就是说，这种东西不仅仅是物质的，也包括纯精神的效果(Erfolge)。如果我可以造成它的物质材料，那么我就能够意愿它。我

“意愿”将一个特定的想法表达出来。我之所以能够做到这一点，是因为我能够唤出(hervorrufen)感官上的、表明我想法的符号(Zeichen)。说话人不仅仅意愿造成声波，而且意愿表达某种想法；画家不仅仅意愿着色，而且还意愿创造一幅有意义的艺术品。而从声波到想法，从各彩色线条到艺术品的意义，其间并无因果关系的纽带。因此，意思并不局限于机械的因果关系的领域。它远远地超越于此，进入了意义的帝国、精神构造的帝国。我能够意愿创造精神的构造(Gebilde)，如一部学术作品、一件艺术作品；立法者可以意愿将某项法律规范置于效力之中(in Geltung setzen)。假如这是不可能的，那么就如宾德尔本人所教导的那样，法律就不可能是某个共同体意志的表达，法律也就不可能是实践理性领域里的客观精神了。既然立法者可以意愿规范，那么我们就看不出，为什么私人就不能也意愿法律后果——那种由法律为其表示所配置
48 的法律后果。因而，即便法律效果是不能被造成的，可是它却是能够被意愿的。只要我知悉法律，我就能够有意识地引发法律效果，而无需因此考虑到某种因果联系。

因此，我们不能同意法律效果不能被意愿的观点。诚然，我们并未因此就想说，法律效果为了发生效力，必须被当事人称作是为其所意愿的。只有在某个被追求的效果——例如赠与允诺人的法律拘束——应当通过某个被意愿的行动被引发的情况下，才能称为“意愿”。因此，“意愿”必须始终包含在某个行动之中，并且只能在行动中完成。对法律效果的意愿，如果能这样说的话，只能在表示中实现，法秩序为该表示配置了与其相适应的法律后果。这里，应当注意的是，这种配置是独立于当事人的意思的。当事人无法对这种我们可以称之为效力赋予(Geltungsverleihung)的配置进行意愿，就如同无论他能不能意愿，语言总是为某个特定的词语赋予了特定的含义。当事人只能把表示作为自己的行动来意愿，并且借助于这个行动来意愿法律效果。另一个问题是，一方当事人

是否必须承认其话语在违反其本意的特定含义中生效,某个特定含义的表示能否被归责于当事人。如果答案是肯定的话,那么表示就恰好"有了"(„hat")其所意味的法律后果。表示并不因为当事人的意愿而"有了"法律后果,而是因为法秩序将法律后果配置给了表示。

无论人们如何进一步从心理学上描述"意愿"的特征,意愿总是包含着对某个自己的未来作为或不作为的决心,它以某种方式被规定为去实现所意愿的东西(das Gewollte zu verwiklichen)。"只有在我可以设想,我能通过自己的活动去把某个事实现实化的情况下,我才能够意愿这个事实,否则的话,我就只能希望(wünschen)它。"[15] 随着意愿的现实化,该意愿作为我当下的意愿 49
就终止了。一旦我的活动结束了,我就不再意愿(will),而是意愿过了(habe gewollt),并且只能希望那些与我的作为相联系的进一步的后果能够发生。如果对法律效果的意愿就是在表示中得以实现,那么意愿就会随着表示的完成而消失。一旦表示已终结,那么我与所意愿的法律效果相关的活动就不再有存在的空间了,因而也不再有空间来容纳某种其他的意愿了。所以,根据其意义,表示所表达的就不可能是作为现时过程的意愿,而只能是作为过去的过程,或者毋宁说是作为发生于当下瞬间的,而且恰恰是通过表示本身而发生且随之而终结的过程。[16] 因而,表示就意味着一种陈述,但它并非关于表意人的某种精神状态,而是关于其作为意思实现的独特性质的陈述。只是,"某人实施某个行动,可他无法同时

---

〔15〕 F. 考夫曼(F. Kaufmann):《逻辑学与法学》(Logik und Rechtswissenschaft),第73页。

〔16〕 布洛德曼(Brodmann)在《商法手册》(Handbuch des Handelsrechts)第四卷,第2册,第12页中指出,意思表示是"以某种故意而为的法律效果为目标的决定,这个决定在其宣示中针对着行动的相对人。"

从其本身(eo ipso)判断他如此行动”[17]:如果表示是对某种意愿的陈述,那么表示自身是不能成为自己的客体的。而既然表示依其意义不可能是对某种作为既存精神状态的意愿的宣告,那么表示就根本不可能包含了对某种意愿的陈述。而如果表示是指向法律效果的,在它没有把该后果称作为所意愿的情况下,它只能把这种法律后果称之为某种将要实现的法律后果,即某种应当发生效力的法律后果。因此,表示不可以被理解为对某个过程或既存事实的陈述,不可以被理解为对某项意愿或行为的某种理论判断,也不可以被理解为对某项决心的宣示,而只能被理解为对某种情感性想法的表达、某种以特定的事实应当发生效力为内容的意志决
50 定或规定(Willensbestimmung oder Anordnung)。

对于情感表达的逻辑,我们可以在海因里希·迈尔(Heinrich Maier)的《情感思维心理学》(„Psychologie des emotionalen Denkens“)中找到依据。这里与我们相关的问题是,诸如“这事就应这样,或这个应发生效力”(„Das soll sein oder gelten.“)的意思表达,依其逻辑特征,是否可以以某种方式归结为一种对于先前意愿的理论陈述,抑或它们是否构成了一种独特的逻辑范畴,这种逻辑范畴,我们可以借用迈尔的“意志性语句”(„volitiven Sätze“)一词称之。这是一个逻辑学上的老问题了,直到近年才在法学中得到经常的研究,[18]而迈尔通过将情感性思维和判断性思维(emotionalen und urteilenden Denken)加以分离,对该问题提出了一个原则性的解决方案。迈尔在理论理性之判断性思维之外,提出了情感性思维,前者以真实性要求(Wahrheitsanspruch)为特征,后者发生

〔17〕 H. 迈尔:《情绪性思维之心理学》(Psychologie des emotionalen Denkens),第683页。

〔18〕 参见F. 考夫曼(F. Kaufmann)前引书,第32页;施赖尔(Schreier):《法律的基本概念和基本形式》(Grundbegriffe und Grundformen des Rechts),第23页。

在感情表达与意思表达之中。我想着："这棵树是绿的"，那么我就对某个对象性事实作出了判断，这一判断要求是真实的。如果我想着：房间中要有光，那么我并没有作出判断，而是为自己设置了一个目标：我决定要打开灯。在这两种情况下，我也可能将我的想法表达出来，在第一种情况下我进行了一个理论性、判断性的表达，在第二种情况下我则进行了一个意志性的表达。逻辑层面的"情感性语句或情感性思维功能"（„emotionale Sätze und emotionale Denkfunktionen"），相当于心理学层面上的情感性思维行动（Denkakten）。[19] 理论性思维将其客体设想为既存者（seiende）。而情感性思维，尤其是意志性思维，则把应当存在者（sein sollende）、所意愿者或所希望者（gewollte oder gewünschte）设想为客体。[20] "欲求的客体（Begehrungsobjekte）——如希望的客体、意志的客体和命令的客体（Wunsch-，Willens-und Gebotobjekte）——并不是认知的对象，而是欲求想法（Begehrungsvorstellungen）的对象，它们并不是在判断中被思维，而是在情感性思维动作中被思维的"。[21] 51

作为示例，迈尔对比了希望语句*"但愿天下雨吧"和陈述语句"我希望天将下雨"。[22] 后一句话刻画了一个现存的心理事实，一个愿望。因而，它表现的是一种反思的结果，即对一种在先的、它声称是现存的意识过程进行的判断的结果。但是，该意识过程

---

〔19〕 迈尔前引书，第10页。

〔20〕 前引书第3页和第351页。

〔21〕 前引书第19页。

* Wunschsatz在语法中的正常译法为"愿望句"，但为了体现出这种句式与希望（wünschen）的关系，并与意愿（Wollen）区分，译者将之处理为"希望语句"。拉伦茨在此处的行文具有强烈的哲学—心理学色彩，还请读者在概念的把握上尽量精确。——译者注

〔22〕 前引书，第19页以下。

本身是直接以语句的形式发生的,只不过不像那种思维过程那样以判断的形式,而是以情感语句、希望语句的形式。因此,希望语句是这样一种逻辑形式,希望的过程直接发生于其中,而相应的陈述语句则是另外一种逻辑形式,在这种逻辑形式中,希望被思维为现存的。就此而言,希望语句不能被回溯为某种关于希望的陈述语句,而是其拥有逻辑上的独特性(logische Eigenart)。〔23〕根据同样的方式,命令语句和意思语句也不是关于命令或意愿的陈述,而是有逻辑独特性的意志性—情感性(volitiv-emotionale)语句。意思语句并非陈述了某个意愿的事实,而是刻画了某种意思想法的
52 对象,某种作为有待实现的、被意愿的事实。〔24〕意志性语句的语言表述形式是虚拟式的(如"Es sei"),或者是与"应当"组合成的句子(如"Es soll sein")。因而,在我们碰到运用这种语言表述形式的场合时,它是在向我们指明相关表达的意志性—情感性特征,该特征禁止将这种表达转换为关于某种精神过程、希望或意愿的陈述。

我们已发现,意思表示并不包含对某种现存意愿的陈述,而是以某种有待实现的法律效果为目标。意思表示将法律效果刻画为应当发生效力的法律效果。意思表示是效力表示,而非意愿表示。

---

〔23〕 F. 考夫曼(F. Kaufmann)也得出了同样的结论。前引书,第32页。(宾德尔,第166页和第710页赞同该结论。)但考夫曼认为希望语句也是一种判断,并因此认为,希望语句"他想来"和相应的陈述语句"他被希望来"在某种程度上可以等同视之,因为后者也缺乏真实性要求。考夫曼没有看到,这种语句"被希望……"根据意义仅仅意味着"被我希望……"(施赖尔在前引书,第21页中准确指出:"考虑到表态的主体,对于表态对象的表述是需要补充的")同时,这种语句也包含了关于某种被宣称为既存的意识过程的表述,该表述要求真实性。正如考夫曼所认为的(第69页),一个事实不可被信赖、不可被希望、甚至不可能存在,除非为了某个特定的人;这样一来,考夫曼的"表态行为客观化"(„Objektivation des stellungnehmenden Aktes")理论就失去了基础。

〔24〕 参见迈尔,前引书,第528页及以下,第621页、第625页。

现在我们可以确定意思表示的逻辑特征了:它是一种意志性—情感性的表达,其指向某种法律上的发生效力(ein rechtliches Gelten)。因此,“它应当如此生效”这个表达,就不仅是对“我意愿它如此生效”的改写,而且是关于意思表示之意义的正确的语言措辞,即把意思表示确定为指向法律上发生效力的意志性表达、确定为情感的意义构造。我们将意思表示的这种意义称为其“效力意义”(„Geltungssinn“)。如此,效力意义就是具有决定性的标准,它让某种表达呈现为法律意义上的意思表示。效力意义,一方面意味着表示对某种法律后果的指向,即其特殊的法律特征;另一方面也意味着,这种指向的法律后果是*应当发生效力*的,即其意志性—情感性特征。

我们持意思表示是效力表示的观点,只是批驳意思表示是意愿宣告(Kundgabe)的观点。而我们的观点与下列观点是相一致的:意思表示本身是被意愿的,并且法律效果通过意思表示是被意愿的。意思表示是意志性表达,这种观点正是以表示中说出某种意愿为前提的。但是,表意人说出其所意愿的东西(das Gewollte)时,并非绕道将其称作是自己意愿的对象,而是直接说出的,即将其称作是一个有待实现的东西(zu Verwirklichendes),一个应当发生效力的东西(Gelten-Sollendes)。不过,法律是否应当只将这种表示作为有效的来处理,亦即其效力意义甚或内容上的含义是被 53
表意人所意愿的,或者表意人至少是有意识的,或者,法律是否应当只要求满足外部的表示之事实构成即可,这些问题都是实证法上的一个问题,而且是一个表示意义和表示含义的归责问题——在这些问题上,所谓的“行为意思”(„Geschäftswille“)就完全被排除出去了。

迄今为止的论述旨在回答下列问题,即被视为是客观的意义构造的意思表示依其逻辑特征究竟是什么东西。这里,或许还有一点需要作进一步的考察，即前文提及的对意思表示进行法律效果的“配置”的含义，以及制定法的“效力赋予”。这个问题可以这样提出：是否还需要这种效力赋予。既然将表示理解为效力表示，表示是否独自即足以有“引致”(„hervorzurufen“)法律效果的效力。也就是说，被表示之东西(Erklärten)的效力能否仅仅以表示为根据。由于私人的效力表示与立法者的效力表示具有平行性，这个问题具有越发重要的意义，因为立法者的所谓制定法命令(Gesetzesbefehl)显然并非意味着什么与表示不同的东西：“它应当如此生效”——这就是立法者的一种效力表示。既然制定法的效力仅仅基于立法者的制定法命令，正如实证主义者所必定主张的那样，那么私人的法律行为除了私人的效力表示外，似乎也并不需要其他的效力基础。这种观点最近又被胡塞尔(Husserl)所采纳。诚然，他是在意思论的意义上，把意思表示看作是意愿宣告。胡塞尔和我们一样，都将法律的“效力”理解为法律的存在形式(Seinsform)[25]——但我们更倾向于认为，法律的效力是法律对象化
54 (Gegenständlichkeit)和其客观化(Objektivität)所确立的范畴。[26]
发生效力的法律联系是对象的、客观—精神的(objektiv-geistige)事实，应把它们与指向心理活动的事实严格区分开来。此外，法律联系的效力是一种具有时间性的东西，它形成，又消灭。因此它需要具备时间上的形成要求。胡塞尔把“意思动作”(„Willensakt“)

---

〔25〕 G. 胡塞尔(G. Husserl)：《法律确定力与法律效力》(Rechtskraft und Rechtsgeltung)，第1页及以下。

〔26〕 我们将“法律效力”(„Rechtsgeltung“)理解为规范在时间上的实存(zeitlichen Bestand)，其拘束力或者效力要求(Geltungsanspruch)虽然与它在时间上的实存相关，但却并不完全以它在时间上的实存为基础，而是以某个在先的超越时间的效力基础(letzthin überzeitlichen Geltungsgrunde)，亦即法理念(Idee)为根据。对此参见我的论文《论法律效力问题》，柏林，1929年版。

视为这种要求,并认为效力是通过意思动作而“产生”的。[27] 然而,他的观点在两方面是应予反驳的。一方面,被表示之东西的效力不可能以某种心理的意思动作为根据——这是一种向胡塞尔所反对的心理学至上主义的倒退,因为这种心理活动本身在客观精神构造的世界(Welt der objektiv geistigen Gebilde)中永远不可能有什么重要性可言,而只有它的客观化(Objektivierung)——在这里就是意思设置(Willenssetzung)、效力表示——才具有重要性。另一方面,效力表示也不可能单独引致时间性发生效力(zeitlichen Gelten)的产生。除了作为时间上的形成要求的效力表示之外,效力表示还需要具备某种逻辑上在先的效力基础。

我们已经看到,将意思表示与纯粹的意愿通知区分开来的特征性要素,在于意思表达的终局性,在于其中所说出的拘束力。效力是否仅以表示为根据这一问题,就与以下问题是同义的,即我能否通过我的表示来进行自我拘束。这个问题首先是一个伦理学问题。鉴于在这里全面讨论这一哲学问题将使本书走得太远,我们就满足于援引康德给我们提供的答案。“义务”,康德在解释那些既适用于法律也同样适用于伦理的概念时说道,[28]“是这种行动, 55
某人与其被拘束在一起”(zu welcher jemand verbunden ist)。而责任(Verbindlichkeit)则“是在理性的定言令式之下,进行自由行动的必要性”。因而根据康德的观点,责任的基础只有在某种约束意志的法则中才能找到。因而,允诺的道德责任以道德律为基础,允诺的法律责任以法律为基础。仅仅因为且只要法则约束了我,我自己就负有了某种责任。舍恩菲尔德正确地说道:“如果我通过允诺某种东西或者协议某种东西的途径,使自己负有义务,那么

---

〔27〕 前引书,第 11 页和第 43 页。

〔28〕《道德形而上学》(Metaphysik der Sitten),第 24 页和第 25 页(迈纳 Meiner 出版社)。

约束我的可能是我的意志的一个动作(我们更倾向于说:我意志的客观化),但是,当我受到了约束之后,那么约束我的并非是我的意志,而是超越于我的意志的、有关允诺的法律。"就像若没有制定法对我同时进行拘束,我就不能自己进行法律上的拘束一样,假设在客观法上找不到权利转移的基础,那么我也就不能转移所有权或其他权利,因为只有以客观法为基础,才能论及所有权以及整个论及权利。我只有以客观法为基础才是所有权人,因为所有权并非局限于与物的事实联系,而是包含了全体人民对这种支配关系的承认之要素,并且全体人民正是经由客观法作为媒介的——换言之,因为所有权不仅仅是一种事实关系,而且还是一种法律关系。也就是说,在"法外"(„rechtsfreien")的空间中,既不存在所有权也不存在其他权利,而只存在事实上的支配关系。所有的主观权利都仅仅包含着通过客观法传递给具体主体的权能(Befugnisse),因而主观权利的产生、消灭或者变更,即使是借助于私的、指向于此的"效力表示"所进行,也只有基于客观法秩序才
56 是可能的。如果没有制定法使我受到约束,我就不可能使自己受到约束。同样,如果没有在先发生效力的制定法,我就不可能使什么东西发生效力。就像我不可能"产生"责任一样,我也不可能"产生"效力。因此,胡塞尔认为的那种个人可独立于全部法秩序、"仅凭借自己的力量"就可以产生法律的法律自治[29]并不存在,"原初的个人法秩序"[30]并不存在,"法外空间的法律生成"(„Rechtszeugung im rechtsfreien Raum")[31]也不存在。总体而言,

---

〔29〕 胡塞尔,前引书,第 33 页及以下。

〔30〕 前引书,第 34 页。

〔31〕 前引书,第 43 页私法因此也从来不是"协定法"(„Koordinationsrecht")(第 36 页),正如协定法根本不可想象一样。参见宾德尔,第 554 页及以下。

制定法的效力也并非仅仅以立法者的意愿为根据,〔32〕实证法也不是以专断的、相互之间缔结了社会契约的诸个体的意志为根据,〔33〕而是以某种超越时间的效力基础、某种“理性的绝对命令”为根据,也就是以法律共同体所创立的、被立法者之规定以及经由习俗和法院惯例所造之法认可了的法理念为根据。〔34〕——对此,我们在这里无法再作进一步阐述。这里正好也可以在事实问题(quaestio facti)和法律问题(quaestio juris)之间进行区分,即区分法律上发生效力的形成要求以及它的效力基础。具体法律联系的 57
效力基础只能在制定法中寻获,而制定法在逻辑上是先于时间上的形成要求和效力表示的,并赋予其所规制的法律事实以效力。〔35〕虽然作为效力表示的意思表示也指向于使某个法律事实发生效力,但是并非该*意思表示*,而是客观法为该事实赋予其效力,客观法给意思表示配置了其所指称的法律后果。实证法的效力是以法理念,*还是*以法律创设机构的立法行为为根据的?提出这个问题是没有意义的。同样,法律后果的效力是以意思表示,还是以制定法为根据的?提出这个问题也是没有意义的。毋宁说,该效力是以效力基础及其时间上的使之发生效力在逻辑上的一致性为根据的。这种一致性不能被理解为时间上的相继(Aufeinanderfolge),也不能被理解为是某种因果关系,而是一种纯粹逻辑

〔32〕 康德也清楚地阐述了:“也要考虑到包括纯粹实证法在内的某些外部立法(äußere Gesetzgebung);但在它之前必定先有某种自然法(natürliches Gesetz),它为立法者的权威(立法者拥有的、凭借其纯粹恣意而拘束他人的权限)提供了基础。”(前引书,第28页。)

〔33〕 该学说也可以在胡塞尔那里发现,第73页及以下。关于康德的国家契约思想的规范含义,参见汉塞尔(Haensel):《康德的反抗权学说》(Kants Lehre vom Widerstandsrecht),第46页及以下。胡塞尔的观点意味着倒退到了前康德时代(vorkantisch Epoche)的个人主义。

〔34〕 我在论文《论法律效力问题》对此有进一步的研究。

〔35〕 赖纳赫也误解了这个问题,《民法的先验基础》,第15页。

上的关系,通过这种逻辑关系,法律后果得以作为一种以时间为条件的、逻辑的意义构造,在其客体性特征,亦即在其效力中,获得根据。

由于意思表示并非同时是法律后果的效力基础,因此解释作为对意思表示之意义的认定,也与法律后果的认定不是一回事,相反总是还需要把其在法律上具有重要性之含义已被认定的表示,涵摄到制定法的条文之下,以查明制定法是否为表示赋予效力。制定法要么可以由于表示在成立方面的原因——如表意人无行为能力——要么由于表示在内容方面的原因,如不道德性或不法性,而拒绝赋予表示以效力。制定法也可以让表示在限缩的尺度上,
58 或者在转换的意义上发生效力(《德国民法典》第 140 条)。最后,制定法还可以将表示与超出其所指称的法律后果范围的法律后果相联系,这样就进入了那个无需当事人有指向该法律后果的表示,法律规定也发生效力的领域。在这些法律规定中,特别引人注目的是那些只有在当事人未作任何规定时才发生效力的规定。但是,当事人可以通过约定排除这些规定。可见,此类任意性规范(Dispositivnormen)并不意愿对当事人的规定进行批准,或者相反,施加限制,它们只是在当事人自己未就应予补充的内容作出规定的情况下,对当事人的规定进行补充。不过,此类规定经常是可以从当事人的表示本身之中,通过所谓的补充解释而推断出来的。因此,解释和补充是两个相邻的领域,关于它们之间的界限,本书结尾部分还将论及。在这里仅需明确,由于表示不是效力的基础,解释和制定法适用绝不可能同时发生,因此,通过所谓的补充解释所得到的结果仍然属于事实构成,仍然需要将其涵摄到制定法之下,而对一项任意性规范的适用是以这种涵摄为前提的。这说明,文首提及的解释位于事实认定与制定法适用之间的中间位置,是以意思表示的特征为根据的:一方面,意思表示包含着法律后果,并意味着法律后果;另一方面,意思表示自身又不是法律后果的效

力基础，后者在制定法中才能找到。意思表示作为效力表示，其效力要求的根据，在作为具体法律联系之效力基础的制定法中才能找到。

根据我们的观点，意思表示不是关于既有意愿的通知，而是效力表示，也就是说，意思表示是一种以某种法律效果为内容的意志性表达，并将该法律效果称作是应当发生效力的法律效果。法律 59
将所指称的法律后果与这一效力表示相联结，并赋予其效力，而并非与意愿相联结——只要意愿尚未在某个表示中被现实化，它就根本不可能进入法律的视野范围。在我们从这一观点中进一步得出结论，尤其是有关解释的结论之前，我们还必须考察该观点与迄今为止学术界所持观点的关系，以及该观点与所谓的意思论和表示论之争的关系。

意思论仍然必须被看作主流学说。根据意思论，意思表示是以法律后果被意愿为内容的通知。〔36〕根据这种观点，法律后果意思或行为意思是对于法律后果之产生而言真正具有决定性的因素，而表示仅仅是服务于这个自身即具有重要性的要素的宣示（Verlautbarung）而已。说意思表示是"由意思和表示作为两个独立的要素组合而成的"，〔37〕原则上是对意思论不太清楚和不太准确的重述。毋宁说，意思论恰恰认为，在意思之外，表示不具有独立的含义，表示自身在法律上无足轻重，它只有作为让意思"起作用"（„wirkt"）的媒介才具有重要性。〔38〕意思论真正的核心观点是，意思本身就是一种法律创制性力量（rechtsschöpferische

〔36〕 胡塞尔也是完全在意思论意义上理解意思表示的，前引书第49页，他认为意思表示是对意识过程的可感知的宣示。

〔37〕 马尼希克，第86页。对此参见《意思表示与表意行为》，第150页及以下。

〔38〕 马尼希克，第44页即如此认为。

Kraft),为了发挥它的“作用”(„Wirkung“),才需要随便某种外在的识别标志(Erkennungszeichens)。这种观点由萨维尼(Savigny)以及稍晚的温德沙伊德(Windscheid)和齐特尔曼(Zitelmann)[提出并]发展,并且在今天仍然得到大批学者的支持。萨维尼明确
60 地批驳了意思和表示彼此独立的观点。“毋宁说,应当认为它们在本质上已然是相互联系的。因为其实意思自身才必须被思考为唯一重要的和起作用的东西,而仅仅因为它是一个内在的、看不见的事件,我们才需要一个标志,以使它能够被他人辨识出来,这种把意思公开出来的标志,就是表示。”[39]

温德沙伊德提出了对“意思表示是意愿的通知”这种学说加以批驳的重要思路。他指出,表示不仅是“本身”即应被视为具有决定性的意志的“识别标志”,而是它“同时”也是这个意思的现实化。因此,意思不是一个过去的事件,而是一个在表示之中的现时的意思。[40] 然而,温德沙伊德停留在了“同时”那里,他没有追问下去:既然意思是在意思表示之中的“现时的”意思,那么意思表示是否可能意味着一个关于该意思作为一个意识过程的通知?毋宁说,温德沙伊德明确地认定,意思表示“也是对某个既存意思的通知”[41],因此他在本质上仍未摆脱意思论的窠臼。此外,温德沙伊德也持有意思表示与法律后果之间存在因果关联的观点,他认为,那种主张法律后果不可被意愿的观点,可以与“凶手只是给被害人下了毒,却不意愿他死”的看法相媲美了。“在前一种情况下起驱动作用的力是法秩序的力,在后一种情况下起驱动力的是物理上的力,二者不可能产生什么区别。”这种对起驱动作用的“法秩序之力”的比喻,体现了这样一种想法,即把意思看成一个玄妙

〔39〕《当代罗马法体系》,第3卷,第258页。

〔40〕温德沙伊德发表在《民法实务档案》,第63卷,第76页及以下的论文。

〔41〕前引书,第77页。

的动因,这种动因造成了“法律作用”(„Rechtswirkungen“),造成的方式与物质世界里的事件一样,例如人的死亡,因此,人们总是 61
且必定归因于此动因,归因于这个真正起作用的东西之上。

最后,齐特尔曼把意思论与意思表示和法律后果之间具有因果关联之观点联系起来,并作了深入探讨。齐特尔曼论述道,〔42〕法律给予主体以因果的方式引发法律作用的可能性,因而将主体的“因果能力”(„Kausationsfähigkeit“)扩展到了不可估量的领域。主体尽管尚没有将法律后果和意愿本身连结在一起,而是将法律后果与表示中的意愿活动连结在一起,因为意思的确定性到了现实的行动中才是明显的。然而,表示自身却不是别的什么东西,只是对法律后果的意图(Beabsichtigung)的宣示。因此,齐特尔曼将意思表示描述为“意图表示”(Absichtserklärung)〔43〕。如果表示与意图不相符,那么表示就是不真实的,表示因此就降格为一种纯粹的表象(Scheine)了。〔44〕所以,“一切法律上的意思表示的固有特征在于,对法律后果的意图对于法律后果的产生具有本质性”〔45〕。

可见,意思论将意思表示看作是意愿的通知。它因此将对法律后果的意愿——作为一个自成一体的心理过程——与对这种意愿的有意(willentlichen)宣示区分开来,将“行为意思”与“表示意思”以及有所意愿的表示本身区分开来,并且在或多或少公开言
明的程度上,把以这种方式与表示相孤立的“行为意思”视作“真 62

〔42〕《错误与法律行为》,第245页及以下。

〔43〕前引书,第243页。

〔44〕如果马尼希克(第257页)同意表意人对其可归责举动的表示意义负责是以权利外观原则为基础的话,那么他的观点就与意思论观点完全一致。对意思论者而言,从所谓的意思中发散出来的表示其实并不是意思表示,而只是外观表示(Scheinerklärung),尽管出于众所周知的原因,外观表示也被法秩序根据情事而当作意思表示而处理,但它们其实是两回事。

〔45〕前引书,第276页。

正”本质性的东西，视作法律上的“物自体”（„Ding an sich“），其在表示中“显现”出来。而将意思表示看成效力表示的观点，就把意思论的根基拔掉了。但与此同时，一种也曾浮现在意思论支持者脑中的思想才得到了完整的发展：意思表示不是意思的通知，而是意思的现实化。在意思表示为意志性的、指向某种效力之产生（Eintritt eines Geltens）的表达之中，意思通过直接指向所追求的法律事实，实现了自己的客观化。将意思表示看作是意思的客观化，而非对“自在”既存和有效的意愿（„an sich“ vorhandenen und wirksamen Wollen）的通知，它像任何一项结合了客观事实构成和主观要素的行动那样，能够归责并且需要归责。这样，意思要素依然被保留在意思表示的含义之中，但意思要素不再与表示相对立——因为若没有意思要素，则根本不会有表示——意思要素也并不是自我存在的，而仅仅是作为表示之归责的一个要素才具有重要性。作为“意志性”表达，意思表示把意思要素纳入自身之中。但是，意思表示并不包含关于某个意愿的陈述，它也不是一种“将某个意思公布出来的标志”，而是对某个应当发生效力的意思内容（Willensinhaltes）的直接表达。[46]

同样，我们也必须反对与意思论相对立的表示论，它的理论起点同样是把意思表示认为是对某个意愿的通告（Kundmachung），无论是此说将意愿看作是对法律上的或者法律之外的后果的指向，还是将意愿称之为“经验上的意图”（„empirische Absicht“）[47]、经济

〔46〕 如果表示被认为是关于意愿的陈述，那么它就不是意思内容的直接表达，而是对在意思过程中实存的想法内容（Vorstellungsinhaltes）的表达。

〔47〕 贝希曼（Bechmann）：《共同法中的买卖法体系》（System des Kaufs nach Gemeinem Rechts），第2卷，第11页。

上的意图或者“事实上的意愿”(„faktisches Wollen“)〔48〕。所有这 63
类学说都或多或少地误解了意思表示专门的法律特征〔49〕,或者陷入了或多或少的心理学诠释中难以自拔。〔50〕与此相反,在文献中也存在一些不同的观点,认为意思表示不是关于既有意愿的通知,而是其他什么东西,只不过迄今为止人们还没有识别出意思表示的逻辑—情感性特征。宾德尔的早期观点即属于此,认为意思表示是一个“私法上的法律后果表示”(„privatrechtliche Rechtsfolgeerklärung“)〔51〕,但他后期又否定了这种观点。支持这种观点的主要是亨勒(Henle)和毕洛(Bülow)。

亨勒将与“公开论”(„Offenbarungstheorie“)对立的“处分论”(„Dispositionstheorie“)* 理解为“一切这样的观点,即认为法律上的意思表示并非将某种与法律效果相关联的精神联系公开出来,而仅仅是以该效果的被引发(Herbeigeführtwerden)为内容”。〔52〕乍一看来,我们的观点是与“处分论”一致的。但有疑问的是,应当如何想象“被引发”。亨勒将其理解为一个因果过程,因而恰恰

〔48〕 沙尔(Schall):《当事人意思与法律行为》(Parteiwille und Rechtsgeschäfts),第16页;雷内尔(Lenel):《耶林年鉴》,第19卷,第54页及以下;丹茨,第7页;此外还可参见托恩(Thon):《法律规范和主观权利》(Rechtsnorm und subjektives Recht),第365页;克勒(Kohler):《耶林年鉴》,第18卷,第155页及以下;赫尔德:《耶林年鉴》,第65卷,第425页;伊赛(Isay):《法律行为事实构成中的意思表示》(Die Willenserklärung im Tatbestande des Rechtsgeschäfts),第82页。

〔49〕 亨勒准确地指出,沙尔(Schall)的学说消除了有约束性的表示与此处提到的私人决定(Privatentschlüssen)之间的界限。

〔50〕 科勒(Kohler)有关“精神效果”(„Geisteffekt“)的学说尤其是这种情况。

〔51〕 《法哲学与经济哲学档案》(Archiv f. Rechts-und Wirtschaftsphilosophie),第6卷,第99页。

* Disposition 既可以译为任意,也可译为处分,Dispositionstheorie 既可以译为任意理论也可译为处分理论(关于任意性规范与处分性规范的关系,参见引言部分的译者注),但从语言表述看,此处译为“处分论”似更妥当。——译者注

〔52〕 第307页。

就忽略了意思表示的意志性特征。他完全自然主义地(naturalistisch)将法秩序设想为一个东西(Ding)、一种"无生命的机械装置"〔53〕,它只需要等着被个人启动,以便像自动售货机那样"生产出"法律效果。法秩序"[啪嗒一声]锁定在意思表示上,就像拉动
64 枪栓时步枪的撞针[跌落]一样"。〔54〕将法秩序看作一台机器,将意思表示看作启动法秩序的操纵杆,这的确是一种奇特的想象!然而,它只是对齐特尔曼的主体的"因果能力扩展"(„Erweiterung der Kausationsfähigkeit")学说的进一步发展而已。亨勒认为,法秩序给予自然人管辖法律世界的权力。这种"权力给予"在"时间上早于具体意思表示的实施"。〔55〕它"引起"了主体的"因果能力"。因此,亨勒认为法秩序是意思表示的时间—因果关系形成基础(zeitlich-kausalen Entstehungsgrund),而不是效力基础。现在,亨勒认为,〔56〕"它(法秩序)在保留根据需要,不时对已启动的机械装置(!)进行修正的情况下",退居身后。个体通过表示引起由法秩序"[啪嗒一声]锁定"的法律后果来操纵这台机械装置,"比经过千百次观察的自然因果关系更加坚定和确切地滚动着"。〔57〕据此,在亨勒看来,意思表示就成了"表意人引发法律效果"〔58〕的表示。

亨勒的观点只能用机械论自然科学对表象世界的影响来解释,它完全颠倒了事实。他把法秩序设想为一种装置,个体将其作为工具使用,然而法秩序却恰恰针对着个体而发生效力,法秩序约束着他,要求他信守自己的话语,对他的恣意设定着目标与边界。

---

〔53〕 第341页。
〔54〕 同上。
〔55〕 第342页。
〔56〕 第347页。
〔57〕 第341页。
〔58〕 第349页。

恰如其所反对的“公开论”一样，亨勒也将意思表示看作一种陈述，不过不是关于某种意愿的陈述，而是关于某种作为的陈述，而这里就又产生了疑问，即陈述的对象与陈述本身怎么可能同时发 65
生——这就如同我怎么可能通过说“我‘就此’引发之”这句话来引发某种东西。诚然，亨勒在其学说中也援引诸如“我买”“我送”“我借”等日常生活语言习惯和固定用语[59]——但是我们知道，词语表述与其意义并不是同一回事，因而问题是，“我买”这一表述是否可以作为那种被我们称为买卖的特定法律事实的简称而应当发生效力。事实上：如果我对卖方说“我买这本书”，我意愿的并非是作出一个就此实施特定活动即购买的陈述，而是意愿表达以下内容，即这本书的所有权应当转移给我，同时我应当承担支付价金的义务，而与此相关联的通常就是立即把此书交付给我的期待(Erwartung)以及我乐于立即支付价金的心愿(Bereitwilligkeit)。不过，这种期待和心愿对于购买要约而言并非本质性的，也并不构成意思表示概念的必要因素。因此，生活中的语言习惯并不能为亨勒的理论提供支持。语言习惯本身根本不是有证明力的论据，而是必须首先接受对其含义的审查，只有这一审查的结果才能够被用来确定意思表示的逻辑特征。

与我们的观点接近得多的是毕洛有关意思表示是当为表示(Sollenserklärung)的学说。毕洛从以下正确的观念出发：意愿只可能指向某个行动的实施，并因此种实施而耗尽，意愿不能保持为纯粹内在的东西，并且作为一种精神状态在行动之后持续存在下去。因此，意思表示不可能将作为一种精神状态的意愿公开出来，它不是一种意愿表示，而是在意思表示中只是某种意思实现了，意思表示自身却并不包含某种什么东西被意愿的通知，而是包含一 66
种法律效果应当产生的规定：意思表示是一种当为表示。“这种

---

〔59〕 第358页以下。

法律行为上的‘当为’（‘Soll‘）是一种被意愿的（ein gewolltes）当为，这一点在法律行为表示中并没有被宣示出来，或者以其他方式被暗示出来。而即使添加了某种与此相关的保证，它也是一种多余的、法律上并不重要的添加”。[60]

在评判毕洛的理论时，人们给“当为”赋予何种含义就具有了决定性。毕洛的批评者认为，“当为”无非是对“意愿”的另一种表述。[61] 如基施（Kisch）认为，“当为”并不意味着什么别的东西，就是指某种意愿的通知，原因在于，“指令或者命令恰恰是意愿的最强烈形式”。可见基施根本就没有看到下列逻辑上的问题：命令句和意思句能否被归结到某种陈述上，抑或它具有其独立的逻辑含义。马尼希克对这个问题的误判更严重。他认为[62]，毕洛忽略了，一匹马的购买者“首先表示的是他意愿购买那匹马”。但这正是毕洛所质疑的！因此，当马尼希克接着指出“众所周知（！），任何一项指向某一法律效果的内在意图的宣告，其所宣示的首先就是这个意图”的时候，他根本就没有说中毕洛的观点，因为毕洛阐明的恰恰就是意思表示并非“内在意图的宣告”。亨勒认为，“当为”是向法秩序发出的、引发法律效果的“指令”。可见亨勒并未正确理解毕洛的观点，而且亨勒的看法显然是一种荒谬的想法。毕洛根本就没有在“指令说”（„Befehlstheorie“）的意义上提出这
67 种观点。毕洛认为，“当为”既不是意愿的通知，也不是指令，而是具体的法律规定的设置（Setzung）。“法律行为上的表示规定了某

〔60〕 毕洛：《承认法》（Das Geständnisrecht），第125页。

〔61〕 基施：《哥廷根学者报告》（Göttinger Gelehrte Anzeigen），第163年度，第1卷，第128页；雷内尔：《批判季刊》（Kritische Vierteljahrsschrift），第42卷，第571页；布赖特（Breit）：《行为能力》（Geschäftsfähigkeit），第169页；以及冯·图尔，第144页，注释4。反对毕洛观点的是施耐德（Schneider）：《民法档案》（Archiv f. Bgl. Recht），第42卷，第287页及以下。

〔62〕 《意思表示与表意行为》（Willenserklärung und Willensgeschäft），第57页。

67

项权利应当以及以某种方式产生、消灭或者变更，通过这一规定就形成了一项具体的法律安排(konkrete Rechtsanordnung)。这些当为表示、这些命令是由法秩序赋予拘束力的。因而，它们无论依其客体还是依其作用都是属于法律领域的：它们都是法律命令”。[63]可见，毕洛把意思表示理解为某种法律安排(Rechts-Anordnung)，这种法律安排只能被设想为使某种法律关系发生效力(in Geltung-Setzung)。但毕洛也认为，效力是以法秩序为根据的，法秩序赋予表示以“拘束力”。这样就的确证实了毕洛的观点与我们的观点很接近；他的学说的困境在于，他对表示中所说出的“当为”的逻辑特征还没有弄清楚，还没有认清意思表示是与陈述性语句相对立的意志性语句。也正因为这样，他的学说才可能受到前段提到的错误阐释。一旦人们认识到意思表示的意志性特征，以及它对某种法律事实的生效的指向，认识到这就是构成其作为“具体的法律安排”的特征，亦即如果我们把“当为表示”理解成“效力表示”，对毕洛的观点提出的异议也就烟消云散了。

从作为效力表示的意思表示的观点出发，可以得出一些对于法教义学而言重要的结论。只有判断性思维才是以真实性为目标的，情感性思维则不然。因此，意志性语句既不可能是真实的，也不可能是不真实的。例如，一个错误的指令并非不真实的指令，而是不恰当的指令。因此，意思表示也既不可能是真实的，也不可能是不真实的。如果我们把真实性(理论上的正确性)理解为判断 68
内容与判断对象的一致性，那么，在指向效力的意志性表达中，意志性表达所要求的事实的实际效力、其效力要求(Geltungsanspruches)的履行即其效力，就具有真实性的地位。如果意思表示所指称的法律事实随着意思表示而进入了效力之中，那么这个意

〔63〕 前引书，第129页。

思表示就“发生效力”。在这个意义上，我们才说“有效”（„gültigen“）与“无效”（„ungültigen“）的意思表示。这样，意思表示的“效力要求”就相当于理论判断的真实性要求。只有通过这种审视，将意思表示称为“效力表示”才是正当的。意思表示固有的效力要求，锁定在对某种应当产生的、法律上发生效力的指向中，它使我们可以按照这种效力要求是否被证实为是有根据的，来认定意思表示是“有效的”还是“无效的”。

如同判断性语句一样，意志性表达也可能含有表述上的错误。这种错误并非像缺乏理论正确性那样，基于判断内容与判断对象的不一致性，而是基于原意与表述含义的不一致性。这种背离就是依《德国民法典》第119条应受重视的表示内容错误诸情形的基础。因此，“错误”（„Irrtum“）并非基于意思与表示的背离，而是基于（主观的）原意与在法律上具有决定性的（可归责的）表示含义之间的背离。错误的表示并非“不真实的”表示：它不是关于某种实际上并不存在的意思的错误陈述，而仅仅是一个错误地形成的安排。它的错误性不在于内容，而在于表述。职是之故，实证法既可以否定这种意思表示的有效性，也可以授权表意人通过撤销表示而引发它的无效。但是，即使是那个错误的、随后有可能无效的表示，依其意义仍然是一个效力表示，不会降格为“纯粹的表
69 的表示，依其意义仍然是一个效力表示，不会降格为“纯粹的表
见”，且即便是作为无效的效力表示，仍然具有法律上的重要性。同样，“真意保留”（„Mentalreservation“）* 并不涉及意思表示的本质。在这里，表示既不是不真实的，也不是错误地形成：表示的原意正是其所能被理解的含义——那个关于表示不应当发生效力的

* “心意保留”在德语中有多种表达，如Mentalreservation、geheimer Vorbehalt，与之对应的汉译词汇分别是“心中保留”“心里保留”“秘密保留”“真意保留”“心意保留”等，考虑到mental具有“心灵的”“秘密的”之意，而geheim也具有“秘密的”“隐蔽的”之意，且表意人的这种内在保留的意思，存留于其心而难以为外界知悉，故而翻译为“心意保留”似更切合内心保留的意思之意。——译者注

"秘密保留"（„geheime Vorbehalt"），是一个纯粹保留于内部的矛盾，这一矛盾对于作为客观表达的表示根本没有任何影响。〔64〕

可见，意思表示作为效力表示的观点已经克服了意思与表示的二元对立。因为持这种观点，就把意愿作为自成一体的心理事件，把"行为意思"作为一种神秘的法律上的"物自体"的说法彻底清理掉了，取而代之的，是在其主客观意义的一致性上观察意思表示，将意思表示视为意思行动和意义表达，它不是关于某个意愿的通知，而是表达了某个应当发生效力的法律效果。随着意思与表示之二元对立一起崩溃的，还有"意思原则优先性"。再没有理由将意思表示解释成是使"意思"发生效力，无论该"意思"是对立于表示的、在表示之外的，还是在表示"之中"的。其认为解释是"意思探寻"，解释至少应当从"意思"出发，或者"意思"能够确定表示之在法律上具有决定性的内容，这一观点也丧失了根基。解释与"意思"无关，与"意思"和表示的关系无关，而只是与表示的不同的、可能的含义有关，解释应当认定其中那个具有决定性的含义。解释是对法律上具有决定性的表示含义的认定。但这个含义并不取决于某个与表示相异的意思，而是取决于各方当事人的客观的理解可能性，取决于对这些理解可能性进行符合公平正义的权衡。

〔64〕 布洛德曼（Brodmann）在前引书第 57 页中正确地指出："某人嘴上作出了承诺，内心里却保留着不作承诺的意愿：这是毫无意义的。"

第三部分　表示含义的可归责性

被归于某一事件或对象的含义,被我们认为是这个事件或对象的载体,含义只能因某种特定的意识而被归于载体。因为“含义”不是什么实体的东西,不是被给定于人类意识的东西(Gegebenes),而是从属于某种与符号相联结的意识。就此而言,含义是某种“主观的东西”。但在“诠释性”的意识中,符号与意义、表述与含义的联结并不仅仅基于恣意和偶然而发生,而是根据特定的标准而发生的,这些标准可以对每一种人类意识,也可以对某个特定的圈子,比如某个语言共同体,发生效力。这是一切交流可能性的基础。这样,在某个特定的人群、民族、种族,或者某个更大或更小的共同体之内,对某种特定表达逐渐形成了特定含义,这种含义对该群体的成员“发生效力”,被他们所理解,而且他们以群体的每个其他成员对该含义的理解为交流的前提。[1] 该含义“发生效力”,至于个体在个案中对该含义理解与否,则在所不问。因此,它虽然仅仅在特定人群的 71
意识中才能得到展现,但却独立于个体各自的理解。即使个体“正确地”理解它时,它也并非从属于作为个体的他,而是作为规范竖立在他的对面,个体则根据它来“调整”自己。含义的客观性就存在于其中。因此,词语表述的“客观”含义,是指为特定的人际圈子(Personenkreise)可理解的[2],且该圈子的成员根据这种含义来调整自己的含义。

既然客观含义始终是对特定人际圈子而言的,那么何种含义对于个体而言是客观的,就取决于个体是否归属于该圈子。规定某一词语表述之意义的,首先是语言共同体。但在这个共同体之内还存在着更小的圈子,在这些圈子中某些特定含义占据优先地位。一个词语在德国南部所具有的客观含义,到了德国北部可能就是另一个。即使含义所发生效力的人际圈子是一个比较小的圈子,含义也并不因此而丧失客观性。最后,人际圈子也可以由两个人组成。如果我和另外一个人就某个词语,如“Semilodei”的特定含义达成了协议,那么这个含义现在对我们而言就是客观的意义。因为它对我们“发生效力”,所以我们能够理解它,并根据它来调整自己——至于它在个案中是否被“正确”理解了,就在所不问了。不过与此同时,词语的这种特殊的客观含义就排除了它通常的客观含义。也就是说,词语之地方通行的含义优先于全国通行

---

〔1〕 对此参见 F. 考夫曼:《论法律标准》(Die Kriterien des Rechts),第 106 页:“因此,一切有意义的符号在本质上都是‘对个人而言的符号’。例如,语言符号是对语言共同体而言的符号。——因此,每个语词表述都有其从属的人际理解领域。”同样,施耐德:《制定法与法律行为的解释》(Die Interpretation der Gesetze und Rechtsgeschäfte),第 58 页也说道:“具体的语词表述只有在人际圈子之内才拥有含义,对于这个含义而言,具体的语词表述是对某种统一含义的共同表述。”

〔2〕 同时参见弗里尔,前引书,第 18 页。

的含义,全国通行的含义优先于全部语言共同体的含义,较小圈子的含义优先于较大圈子的含义。

因此我们发现,词语表述的客观含义总是仅仅对特定的人际圈子有效。现在,法律要求表意人对其话语的客观含义负责。法
72 律让表示在这个意义上发生效力,并仅在特定的前提下才允许表意人免除这种责任。表意人承担这种责任的根据,在于表示含义的可归责性,亦即在于这种观念:那种对于表意人而言是客观的含义,且恰好是可归责于他的含义,表意人本身能够期待这种含义,这种含义应被视为具有法律上的拘束力的含义。这就是一个表述一般而言的那种含义,它在表意人所属的生活圈子中,作为通常的含义而发生效力,并在这个圈子中被人所理解。然而,如果表示所指向的是某个特定的相对人,那么表意人就只能认为相对人是在特殊的含义中来理解表示的,即在那种相对人所属的、较小的生活圈子中的特殊含义。这样,可归责的含义就并非与客观的、在表意人的生活圈子中发生效力的含义具有同一性。毋宁说,可归责的含义也受到表示相对人其人其事的制约。如果我与他人就“Semilodei”一词的特定含义达成了协议,那么对我而言,这个词语只针对该相对人,而非针对某个第三人时才有这种含义。因而,对表示负责意味着表意人必须向相对人就下列含义承担责任:相对人能够并且必须赋予该表示以这一意义。不过,对相对人的这一理解可能性,仅应在表意人本身能够期待这种含义的范围内予以考虑。也就是说,相对人的理解可能性,不得单方面被用作解释的基础。确切地说,对于表意人而言,只有表示的下列含义才是可归责的:表意人能够且必须期待他的相对人所理解的含义——即表意人在考虑到相对人理解的情况下,自身有理由赋予他词语的那个含义。这个含义不依赖于表意人实际上是如何表达其词语的,或者相对人是如何理解它们的。相反,它依赖于双方当事人的理解可能性,最终依赖于表意人的理解可能性。因此,解释不是去探

寻某个抽象的词语含义,或此外在特定情况下还要去探寻实际的原意,解释也不是单方面地站在表意人或其相对人的立场上,解释需要追问的是,何种含义才是表意人必须视为其相对人可理解的含义,何种含义才是着眼于具体情况而能够被归责于表意人的含义。所以,解释的方法同时是规范性的和个别化的:解释的目标不是原意,而是有法律拘束力的、可归责的含义,但这种含义不是被一般地确定的,而是根据具体情事,根据当事人的理解可能性而被个别化地确定的。 73

通过这一原则,即把可归责于表意人的含义视为法律上具有决定性的含义,可以避免像“客观解释方法”那样片面着眼于相对人的理解,而且也可以避免使表意人对下列含义负责:他的表示对他而言不可能具有的含义、他不可能预见到的含义,因而对他而言纯属意外的含义。这首先可以用文献中经常出现的几个例子做一番阐明。在德国的某些地区,人们把“Hochparterre”理解为房屋的底层,而在另一些地区,人们把它理解为底层之上的二层。现在,某人在他原住地以书面合同形式承租了外地一套 Parterre 房屋,他按原住地迄今为止的居住方式以为那是房屋的底层,但他并不知道在他的新住地,Parterre 是指房屋的二层,而他对这里不同的语言习惯一无所知。这里如果将他的表示解释为他的相对人所必然理解的那个含义,那么所签订的就是有关房屋二层的合同。承租人只能撤销该合同,且必须赔偿相对人的消极利益损失。但对承租人而言,“Parterre”一词的客观含义就是“底层”。如果那个地区不同的语言习惯此前并不为他所知晓,或是因他曾亲临过此地而本来可以知晓,那么他就根本无 74
法期待相对人对他的表述作出其他的理解。因此,对于承租人而言,只有那个被他所熟悉的含义才是可以被归责于他的。而由于相对人的表示也要在相对人理解的意义上得到解释,因此这个例子中将导致产生不合意。在马尼希克的例子中,A 原本应当通过放置一盏灯来对 B 表明他对要约的承诺,可 A 却错误地相信,他以此表达的是对要约的拒绝。在此例中,对灯的放置应作为承诺而发生效力,因为 A 原本必须对自己说,B 会如此理解这一放置行为。假设 A 的想法是有道理的,即若假设 A 无论出于何种原因能够而且必须认为该符号意味着拒绝,那么,即使 B 同样可以有理由地认为这个符号意味着对要约的承诺,那么结果就会是另一个样子了。

帝国法院对那个曾被多次讨论的“Semilodei”一案的判决[3],与对可归责的表示含义的考虑也是相一致的。帝国法院通常所持的观点是对意思表示应当这样作解释,“就如同对方当事人根据诚实信用原则所应理解该表示的那样”。[4] 而在本案中,帝国法院对两个意思表示中的每一个表示是这样解释的,即如同发出表示的当事人所应理解其表示的那样。纽约公司能够期待汉堡公司将对“Semilodei”作出如代理人告知纽约公司那样的理解,即卖方“附担保”的销售。这一含义对纽约公司而言是可归责的,因此,它对于纽约公司的表示而言是具有决定性的含义。与此相反,汉堡公司能够期待的是,它的表示“Semilodei”将被理解为“无担保销售”。因而,它的表示就具有这一含义。诚然,假设代理人的举动是可归责于汉堡公司的,那么就应对本案作出另一种判断了。如果是这样的话,代理人向纽约公司转达的含义,对于汉堡公司而言就是可归责的。
75 因此,帝国法院正确地以此为出发点,认为代理人的举动是不可归责于汉堡公司的。从这一观点出发,认定存在

〔3〕《帝国法院民事裁判集》,第 68 卷,第 6 页及以下。

〔4〕《帝国法院民事裁判集》,第 68 卷,第 128 页和第 86 页、第 88 页。

不合意——尽管表示的字面是一致的——就是适当的。[5]

现在要问的是,主张让表意人对表示含义负责取决于表示的可归责性,以及主张把表意人可以并必须将其相对人可理解的那种含义视为是具有决定性的含义,是否符合法定的解释原则。以表意人的意见为出发点的主观解释方法,与《德国民法典》第 119 条至第 122 条所表达的,表意人对表示的客观含义亦即对在法律上具有决定性的含义负责,并不协调。这样,如果要使第 133 条还有某种意义的话,就必须对这条规定作出严格的限缩。也就是说,第 133 条不可能意味着:表意人的实际意见应当成为解释的基础。 76
而既然不考虑表意人的实际意见,那么就应当考虑那种恰恰对他来说是适当的、他能够并且必须给予其表示的看法。在这个意义上,第 133 条也可以与第 157 条相互协调了。因为对表意人理解可能性的考虑,与第 157 条所表达的诚实信用原则是一致的。毋宁说,如果仅仅考虑抽象的词语意义——第 133 条也明确将其排除,或者仅仅考虑表示相对人的理解可能性,则都是有悖于诚实信用原则的。不仅相对人必须可以信赖表意人的话语,表意人也必

---

〔5〕 厄尔特曼对该案提出了另外一个解决方案,厄尔特曼《法秩序与交易习惯》第 91 页,注释〔1〕。他认为,当事人之间存在一个关于"Semilodei"这一语词的决定性含义的预约(Vorvertrag)。对于这个预约的缔结而言,汉堡公司把代理人作为其意思表示的传达人而使用。这个被错误传达的表示必须在其被传达的意义上发生效力,同时适用《德国民法典》第 120 条的撤销规定,据此,语词"Semilodei"所拥有的是被代理人传达的意义。——这个观点预设了,要么代理人并非有意错误传达,要么即便该表示是被有意错误传达的,第 120 条依然可以适用。这第二种情况恰恰已经被厄尔特曼明确反对过了。(对 120 条的评注)不过就算对其存而不论,人们也无法承认,有一个关于语词"Semilodei"之含义的合同被缔结了,因为一个关于此种问题的协议,其本身根本是不可能具有法律上的重要性的,它自身根本不可能为当事人建立什么法律关系,因为缺乏其客体。含义对于法律而言诚然至关重要,但它们并不是法律的客体,后者是能够成为合同类规范的对象的。因此,关于语词"Semilodei"含义的通知必须仅被看作是个简单的、关于汉堡公司该如何理解这个语词的通知而已,它不是意思表示,也不是法律上的效力表示,故而《德国民法典》第 120 条在此并不能适用。

须可以信赖其话语在对其本人所具有的意义之外没有被赋予其他的意义。不得根据某种表意人不仅不了解,而且也不可能了解的交易习惯来衡量他的话语,这才符合公平的要求。因此,如果说我们在第 157 条中发现了对个体化和规范化诠释之原则的言说,那么第 133 条就要求特别对表意人予以考虑,而且考虑的并非是表意人的主观见解,而是对他来说是客观上可能的,并且是适当的见解。这样,不仅第 133 条,而且第 157 条,都各保其义。但两条规定都服从第 119 条及其相继条款所包含的对表示含义负责的思想,而这种负责的根据就在于表示含义的可归责性。[6] 所以,我

77 们这样来解释第 133 条,它说:"应当探寻那种表意人有理由视之为可理解的意义。"这种"可归责的"意义,构成了被第 133 条所排除的"词语的字面意义"的对立面。在认定这一意义时,应当依据第 157 条的要求,对下列因素加以考虑:一方面,根据交易中的诚实信用,对词语表述的明确性的期待和要求;另一方面,对理解某项表示时的注意的期待和要求。因此,对于具体情形中词语表述所依赖的一切要素,解释都应当加以注意,诸如对于当事人双方而言具有决定性的交易习惯、当事人双方所熟知的某个语言习惯或他们之间达成的某个协议。不过,只有在表意人可以认为这些要素对于理解他的表示具有重要性的范围内,才应虑及这些要素。

---

〔6〕 穆勒 - 埃茨巴赫(Müller-Erzbach):《危险责任与风险负担》(Gefährdungshaftung und Gefahrtragung),第 129 页以下:他在损害赔偿责任中发现,根据第 122 条的规定,人们是不需要考虑表意人的过错的。该规定表达的是危险责任的思想。表意人之所以对损害承担责任,是因为他控制着做出某个错误表示的危险。而只要他能够虑及这种危险,只要人们能够在最低限度上辨识出他的表示的含义,那么他就控制着该危险。危险责任是建立在客观归责的目的论原则之上的。(拉伦茨:《黑格尔的归责学说与客观归责概念》,第 100 页及以下。)因此,错误表示暂时的(通过撤销可消除的)效力以及撤销该表示的损害赔偿,只有基于危险控制思想才能被正当化,并且才能将其与第 133 条所要求的顾及表意人的规定统一起来,如果具有法律上决定性的表示含义受制于表意人的理解可能性的话。

我们的出发点是，被法律视为具有决定性的含义，是分别由当事人——表意人以及可能的表示相对人——的个体化的理解可能性决定的。表意人必须对其表示具有的那种相对人必须赋予该表示的含义负责，条件是表意人自己可以期待这一含义。因此，表示的相对人对于表意人之偏离于他可理解的含义的主观见解，无需承认其对自己产生效力。所以，相对人对其要理解的表示含义的善意(guter Glaube)，至少在该表示含义系可归责于表意人的范围内，是受到保护的。不过，如果相对人已经理解了表意人的原意，那么若他再主张不需要理解那个已然被其所理解的含义，就与诚 78
实信用原则不相符了。因为一旦相对人认识到表示另有所指，则他对客观上可理解含义的善意就消失了。即使在没有意识到词语表述的错误的情况下，如果相对人即刻在表意人的原意上理解其意义，他的这种善意也自始不存在。因此，如果表示的相对人领会了或认识到了表示如其所指的含义，那么他就必须承认该含义的效力。如果双方当事人一致表达了共同的东西，那么他们的实际见解就取代了理解可能性，进而规定具有法律上决定性的表示含义。这就是法谚“误言不害真意”的内容，主流学说也是在这个意义上加以理解的。〔7〕 这里还有多种情形应该作出区分。其一，表意人可能作出了错误的表述，但相对人识破了该错误。例如，某人在他的中介活动中要求按地上建筑面积的“平方杆”(„Quadratrute“)来收取佣金，而他的原意却是“平方尺”(„Quadratfuß“)。〔8〕 相对人也辨识出了他的原意，并表示同意。帝国法院在这里将他们的合同看作是按照“平方尺”来订立的。其二，当事人双方可能犯了

〔7〕 参见前文第15页(指本书原页码，即本译著的边码)，脚注〔1〕，以及赫尔德：《关于意思表示解释理论及其内容错误之含义理论》(Zur Lehre von der Auslegung)，第14页。

〔8〕 《帝国法院民事裁判集》，第66卷，第427页。

同样的错误。例如，当事人双方使用了挪威语的单词“Haakjöringsköd”，并且双方都认为是指鲸鱼肉，但它其实是鲨鱼肉的意思。[9] 或者当事人双方缔结了关于一匹名叫“波吕克斯”(„Pollux“)的马的买卖合同，但双方都认为该合同的标的物是另一匹名叫“卡斯托尔”(„Kastor“)的马。从该买卖的附随情事中，就可以直接看出当事人双方意指的是哪一匹马。那么这个所意指的、并且很清楚的含义，也就是具有决定性的含义。可是这个含义也可能并非以客观上可辨识的方式凸显出来。即使在这种情况
79 下，双方的原意应被视作是在法律上具有决定性的含义，也就是说，在我们的例子中，被卖出去的是那匹叫作“卡斯托尔”的马。诚然，厄尔特曼在此会让客观含义发生效力，并为双方当事人保留撤销权。[10] 比方说，卖方可以撤销他关于出售“波吕克斯”的表示，因为他的原意是出售“卡斯托尔”。这对买方却没有什么益处，因为买方的原意也是指“卡斯托尔”。合同将会无效，买方既得不到“波吕克斯”，也得不到“卡斯托尔”。当然，卖方必须赔偿买方的利益，可那仅仅是对“波吕克斯”的利益，而非对“卡斯托尔”的利益。反过来，买方也可以撤销合同，他也必须赔偿卖方的利益。这样一来，哪方应当承担赔偿责任就完全取决于哪方先撤销表示这一偶然事件了。在这里，更正确的办法似乎是，让表示在双方当事人的原意上发生效力，因为表意人对于相对人就其客观上可理解之含义承担责任已没有根据了。于是，我们得出如下规则：

> 对于指向特定相对人的表示，双方当事人一致的原

---

[9] 《帝国法院民事裁判集》，第99卷，第147页。

[10] 《民法实务档案》，第117卷，第304页。

意优先于被双方客观理解的、可归责于表意人的含义。[11] 80

这样，表示就不会再次从属于“意思”了。发生效力的永远只是表示，而非某个通过表示而得到表达的、存留于内心的“意思”。不过，表示是在其针对双方当事人所具有的含义中发生效力的。如果双方当事人赋予表示以同一个含义，那么这个含义就是具有决定性的。在其他情况下，表意人在顾及相对人的理解可能性的情况下赋予其表示的那个含义，即可归责于他的那个含义，是具有决定性的。

迄今为止，我们所考察的仅仅是指向特定相对人的表示。但对于那些不属于这种情况的表示，特别是像遗嘱这样的表示，我们

〔11〕 有疑问的是，第 122 条第 2 款的规定如何与这一观点相协调。根据第 122 条第 2 款的规定，如果相对人对导致撤销的错误已经辨识或者必定辨识，那么损害赔偿义务将不会产生。这个规定与这里的基本思想就此而言是一致的，即当表意人对客观上可辨识的表示含义不具有责任时，也就是当相对人不具有“善意信赖”之时。但即便在以上情况中，这个规定仍总是以撤销权的必要性为前提的。与此相反，倘若表示在已被相对人所辨识的原意上发生效力的话，撤销权就是毫无必要的了。尽管如此，主流学说尝试过不同手段来维护第 122 条第 2 款的意义。认为第 122 条第 2 款仅仅适用于这种情形，即表示相对人诚然辨识出客观上可理解的含义并非原意，却未辨识出何种含义才是原意之时，种观点是错误的。此时同样不需要撤销权，毋宁说，这个表示是无效的，因为当相对人无法辨识出原意之时，这个表示是不确定的。（对此参见厄尔特曼《法秩序与交易习惯》，第 104 页以下）相反，丹茨的观点值得赞同（《耶林年鉴》，第 46 卷，第 426 页），他认为第 122 条第 2 款在这种情况下应当值得考虑，即相对人俟后识破了错误。对于他发生在这一时间点之后（即错误被识破之后。——译者注）的损失，相对人不得再请求赔偿。然而在依据第 119 条的显著动机错误（beachtlichen Motivirrtum）的情形中，也就是在本质特征错误（即第 119 条第 2 款规定的关于人之资格与物之特性的错误。——译者注）的情形中，第 122 条仍然保留了全部的重要性。这里所涉及的不是原意与语词表述含义的分离，而且也不能通过前者意义上的表示解释来对瑕疵进行弥补。这里毋宁说是，当相对人识破了动机的错误性之时，撤销权也就是必要的。同时参见冯·图尔，第 599 页。

也应当用相同的方式进行研究。取代表示相对人的是这样一种人际圈子，表示通常被规定为由其所知悉。对于遗嘱的解释而言，也并非被继承人的任何一种主观见解都具有决定性，而只有词语表
81 述在原意中被理解的合理期待，才具有决定性。〔12〕 例如，被继承人过去有个习惯，把他的酒窖称为“图书馆”，而他的街坊四邻(Umgebung)都知道他的这个习惯，那么他的“图书馆”在他的遗嘱中被理解为酒窖的期待就是合理的。也就是说，遗嘱必须被这么解释，如同它在被继承人最紧密的生活圈子里被确定无疑理解的那样。被继承人特殊的语言习惯，应当在其为被继承人周围的人所知悉，且被继承人因此可以对该语言习惯被理解予以期待的范围内加以考虑。如果被继承人混淆了人或对象，或使用了错误的词语表述，而这些错误仅从遗嘱的语境中无法获得改正，比如被继承人错误地以为一“塔勒”(„Taler“)等于一马克，而在遗嘱中写下了塔勒，那么这个遗嘱就只能因错误而撤销(《德国民法典》第2078条*)。

如果一项表示既不能被表示相对人按其原意所理解，也不能在某个确定的意义上被明确无疑地理解，那么它就缺乏在法律上具有决定性的含义。这种表示只能因其不确定性而无效。对此，仅有第2084条是个例外：多义的终意处分，应在其能够具有效果

---

〔12〕 在终意处分的解释中，认为应依主观解释方法的有蒂策，第95页；丹茨，第229页；厄尔特曼：《法秩序与交易习惯》，第135页；基普(Kipp)：《继承法》(Erbrecht)，第60页以下。持反对观点的有的马尼希克：《意思表示与表意行为》，第460页及以下；赫尔德：《德根科尔比纪念文集》，第115页；弗朗茨·莱昂哈德：《民法实务档案》，第120卷，第86页；宾德尔：《继承法》，第10页以下；以及弗里茨·舒尔茨：《终意处分动机错误》(Der Irrtum im Beweggrund bei der testamentarischen Verfügung)(泽克尔纪念文集)(Gedächtnisschrift für Seckel)，第85页。舒尔茨认为：“根据现行法(de lege lata)，人们不可能把每个通过承诺或书面形成的表示纯粹依靠被继承人的意思而加以修改更正。”

* 原文误为第2978条。——译者注

的意义上作出解释。此外，法官首先应当问的是，当事人双方是否就某个词句表述的含义达成了一致。只有在当事人没有就词句的含义达成一致时，法官才开始他的解释工作。解释时，法官不应当问表意人的原意是什么以及原意是否已经被表达出来，而是应当问，表示必须如何——无论是被相对人，还是在表意人的生活圈子里——所理解，以及就此所理解的含义是否对于表意人而言也是可识别的，这一含义是否能够被归责于表意人。如果也不存在这种情况，那么法官就应当问，表意人有理由赋予其话语以哪一种其他含义。如果无法产生一个明确的含义，那么这个表示无效，要不 82
然表示就在可归责于表意人的含义上发生效力。

但是，解释不仅要查明何种含义应当被归于某项表示，而且也要查明，某个举动究竟能否被视为法律行为上的意思表示，这个举动是否具有这种意义，[13]亦即它是否表达了某种效力意义。我们把对效力意义的归责与对举动本身的归责加以区分。只是后者必须是被意愿的。相反，对效力意义的可归责性，亦即作为某项意思表示的举动的意义的可归责性，则适用与表示含义的可归责性相同的观点。这两种情形都涉及对某种基于人的意思的特定举动的诠释。表意人对应作诠释的意义负责。与他的表示之内容上的含义必须是能够被归责于表意人的一样，该表示作为效力表示的意义，也必须是能够被归责于他的，并且，相对人必须能够信赖这个对于表意人而言可归责的意义。所以，如果表意人能够并且必须期待他的相对人将在这个意义上理解他的举动，或如果表意人就是在这个意义上表明他的举动且相对人也如此理解了，那么这一个——作为这个举动被意愿的——举动就应当被视为法律行为上的意思表示。因此，在马尼希克所举的放灯的那个例子中，A 必须

〔13〕 参见赫尔德，前引书，第 115 页；宾德尔：《哲学档案》，第 6 卷，第 99 页。

承认他的举动作为意思表示发生效力,即使他根本没有意识到这一点,因为他原本能够并且必定考虑过 B 将会如此理解其放灯的举动。所以,在这里,既应拒绝主观的诠释理论,也就是把表示作为必须被意愿的理论,也应拒绝形式—客观的诠释理论,即认为表示仅仅取决于客观的、对相对人或通情达理的第三人而言可理解
83 的意义之理论。[14] 对于表示的效力意义而言,表意人的主观见解与相对人的理解可能性自身一样,都不具有决定作用。具有决定性的是表意人的理解可能性,表意人必须承认他的举动在这个意义上发生效力,这个意义是该举动相对于表意人自己而言的,表意人就算不曾有过这个意义,也是能够和必须有过此意义的。所以,对于某个特定的举动是否应被视为法律行为上的意思表示的问题,以及表示应被赋予何种内容上的含义的问题,解释的解答途径是相同的,即采用规范化和个体化的意义诠释办法。

正如表意人可能就其表示在法律上具有决定性的含义发生错误一样,他也可能就其作为表示的举动(Verhalten als Erklärung)的意义、就其效力意义发生错误。《德国民法典》对这种情况并未作出特别的规定。由于这种情况与意思表示的内容错误是相同的,二者都是表意人给其举动赋予了非他原本必须赋予的另一种含义,因此应当以同样的方式来处理这两种情况。故而,第 119 条

---

〔14〕 主观理论占据主流地位;参见亨勒,第 129 页及以下;冯·图尔,第 402 页及以下;恩内克策鲁斯,第 352 页及以下;厄尔特曼:《评注》,第 331 页及以下。部分学者要求表意人将其举动意愿为意思表示,或按照意思论的理解,要求表意人将其举动意愿为其意思的宣告——即要求“宣告目的”(„Kundgebungszweck“)(马尼希克);另外一些学者,如恩内克策鲁斯和厄尔特曼,只要求表意人具有这种意识便足够,即他的举动将被认为是意思表示,按照意思论的理解,即可以从其举动中推断出行为意思(恩内克策鲁斯)。反之,马尼希克在《错误与解释》(第 242 页及以下)中将以下两个问题等而视之:某个举动是否应当被视为意思表示;意思表示应当在何种含义中生效力。为了回答这两个问题,马尼希克在意思原则之侧又提出了责任原则,并借此抛弃了主观理论。

也可以适用于对表示的效力意义发生错误的场合。对其表示的内容陷于错误之人，或者不意愿作出如此内容的表示之人，他要么意愿作出其他内容的表示，要么压根儿不意愿作出表示。如果有人在无相应意识的情况下实施某一举动，而该举动以可归责于他的方式具有效力表示的意义，那么他就必须承认这个举动对自己发 84
生效力，但他可以依据第119条因错误而撤销它，并且必须赔偿相对人的消极利益。

对于作为意思表示的举动的意义产生错误作这样的处理，在文献中存在激烈争议。对有的学说而言，由于它只把表意人对表示意义有意识的举动才视为意思表示，因此在对表示意义产生错误的情况下，此说认为根本就不存在意思表示。[15] 因此，在表意人的意识以及表意人之作为法律上的意思表示之举动在法律上被认可的意义之间，就不存在发生分歧的可能性。与此相反，客观理论通常依照第119条来处理对表示意义产生的错误。蒂策认为[16]，行为错误(Geschäftsirrtum)概念在以下情形也是符合的，即“某人根本不意图实施某项法律行为，却由于疏忽实施了某项举动，他因此举动设置了意思表示的事实构成”。反之，亨勒认为，应当把对表示意义产生的错误与第118条规定的情况作类推处理，因为第118条中同样包含着对表示意义产生错误的情况。[17] 也就是说，这种表示应当是无效的，但要根据第122条承担损害赔偿义务。然而，第118条与第119条的关系是非常可疑的，值得我们在这里作进一步的考察，以查明在这种情况下类推适用第118条是否有道理，抑或是反面论证(argumentum e contrario)的结论更

〔15〕 恩内克策鲁斯，第423页。同时参见马尼希克：《意思表示与表意行为》，第184页。

〔16〕 “错误”词条，载《法学词典》，第3卷，第370页。

〔17〕 前引书，第495页及以下。同时参见厄尔特曼：《评注》，第332页。冯·图尔反对亨勒的观点，参见冯·图尔，第566页，注释〔75〕。

有道理。

依第 118 条，如果一项意思表示不是被严肃认真地作出，并且
85 表意人在发出表示的同时期待该表示因欠缺严肃性（Mangel an Ernstlichkeit）而将不会被误解，那么该意思表示是无效的。那个对欠缺严肃性将不会被误解的期待，有可能是合理的，也有可能是不合理的。那么问题是，第 118 条应当适用于哪一种情况。如果那个期待是合理的，这就意味着，根据情事，欠缺严肃性对于相对人而言是显而易见的，因此表意人可以预期到相对人将辨识出欠缺严肃性。但是根据我们的观点，这种情况下并不存在可归责的意思表示。可归责的意思表示的前提是，表意人能够期待相对人将其举动理解为意思表示。而一旦缺乏这种可归责的意思表示，那么也就不存在表意人的责任，因而也就不会产生对消极利益的责任。因此，在这里适用第 118 条，并且适用第 122 条规定的损害赔偿义务，将不符合制定法的意义、不符合目的性关联。[18] 诚然，第 122 条的损害赔偿义务在这里总会依第 122 条第 2 款被排除，因为这里涉及的恰恰就是欠缺严肃性必须被相对人所辨识的情形。因此，既然法律在第 122 条第 1 款中提到了第 118 条，那么法律所指向的就必定是那些自始便无法完全纳入第 122 条第 2 款的情形，亦即指向那些对欠缺严肃性将不会被误解的期待是不合理的情形。在这些情况下，存在一项可归责的意思表示，因为此时表意人必须期待相对人会把其举动理解为严肃的意思表示。因此，法律使表意人负有责任，并让他为消极利益负责，但是对他的意思表示的处理方式，则不是如内容错误那般规定为可撤销，而是使之

---

〔18〕 亨勒（第 440 页）也认为，对非严肃性（Nichternstlichkeit）客观可辨识的意思表示承担损害赔偿义务是荒谬的，他并认为这里不应适用第 118 条。持同样见解的还有厄尔特曼：《评注》，第 386 页；冯·图尔，第 566 页；马尼希克：《意思表示与意思行为》，第 473 页。

自始无效。

可见,第 118 条以可归责的意思表示为前提,因而仅适用于那种对欠缺严肃性将不会被误解的期待是不合理的情形。在这里, 86
一种纯然主观的期待却导致了表示的无效,这显然是与为法律所承认的、客观的和可归责的表示含义具有至少是暂时的效力的事实相矛盾的。所以,在欠缺严肃性对相对人而言是不可辨识的情况下,人们认为不能适用第 118 条。例如,宾德尔〔19〕、丹茨〔20〕、伊赛(Isay)〔21〕、雅各比(Jakobi)〔22〕和鲁道夫·莱昂哈德〔23〕持此说,鲁道夫·莱昂哈德则彻底否定第 118 条的可适用性。主流学说却与此相反,认为只需要主观的、客观上并未出现的不合理期待,便足以引发无效。支持这种观点的代表有:科萨克(Cosack)〔24〕、恩内克策鲁斯〔25〕、亨勒〔26〕、赫尔德〔27〕、马尼希克〔28〕、厄尔特曼〔29〕、里茨勒(Riezler)〔30〕和冯·图尔〔31〕。我们必须赞同主流观点,否则第 118 条将失去任何意义,然而对此却不存在充分的理由。即使第 118 条构成了对通常规则的偏离,对于这种偏离很难找到有

---

〔19〕《哲学档案》,第 6 卷,第 458 页。

〔20〕第 17 页。

〔21〕《意思表示》,第 16 页以下。

〔22〕《意思表示理论》,第 54 页及以下。

〔23〕前引书,第 1 卷,第 145 页。

〔24〕科萨克-米特斯(Cosack-Mitteis),《民法教科书》,第 8 版,第 250 页。

〔25〕第 418 页,注释〔2〕。

〔26〕第 484 页及以下。

〔27〕《关于意思表示解释理论及其内容错误之含义理论》,第 9 页,参见《耶林年鉴》,第 58 卷,第 128 页。

〔28〕第 232 页和第 244 页。

〔29〕《评注》第 386 页以下。

〔30〕施陶丁格-里茨勒(Staudinger-Riezler):《德国民法典评注》,第 1 卷,对第 118 条评注的注释〔35〕。

〔31〕第 566 页以下。

说服力的法政策根据,然而第118条的规定依然是与制定法的基
87 本思想保持一致的,因为在此情形也适用第122条,表意人须承担损害赔偿义务。较之于对可归责的表示意义承担责任的原则,下列问题更具有技术的性质:在对表示意义的主观见解与客观上合理的见解之间发生分歧时,应当导致该表示的可撤销还是无效。毕竟第118条是一般规则的一个例外,而由于它的这个例外特征,使它不能被类推适用于一切关于表示意义错误的情形。毋宁说,这些情形应该根据第119条来处理,相对于第119条、第118条是作为特别法(lex specialis)出现的。

可见,《德国民法典》将意思表示区分为完全有效、可撤销和无效三类。即便是无效的意思表示,依其意义构造仍然是意思表示,它指向法律上的发生效力,且作为效力表示可归责于其发出人,但它的效力要求被证实是没有根据的。因此,应当将无效的意思表示与纯粹虚假的意思表示(bloß scheinbare Willenserklärungen)严格区分开来。也就是说,与那种根本不能被理解为意思表示的,且是如此被作出并被相对人如此理解的举动区分开来。诚然,法律把这种虚假的意思表示也称为无效的意思表示。[32] 然而法律并未对此规定表意人的损害赔偿义务,并未规定表意人负任何责任。因此,这种虚假的表示并不是意思表示,而只是一种显得像意思表示的举动。因为表意人和相对人在这种虚假的表示不应当被视为意思表示这一点上是一致的。所以对于当事人双方而言,这种虚假的表示并不具有效力表示的意义。第117条第1款仅仅意味着对此的一个推论,即只有当事人双方的理解对于表示意义而言才是
88 具有决定性的,这是"误言不害真意"规则的反转表述。当事人双

〔32〕 参见恩内克策鲁斯,第353页,注释〔12〕:"几乎不可避免的语言习惯有时也把外观上的意思表示刻画为,比如第105条第2款,'丧失意识状态下所作出的意思表示'。"

方的理解，或表意人的理解可能性，决定了一项表示在法律上具有决定性的含义，以及这个表示本身的意义。某个举动，如果对于当事人双方而言不具有意思表示的意义，那么也不会被法律视为意思表示。[33]

另一方面，真意保留并不涉及意思表示的存在。这一点从将意思表示作为效力表示的规定中就可以推导出来。由于我们已经认识到，在表示中并未现实化的行为意思是不重要的，因此，对所表示之东西(das Erklärte)的不意愿(nicht zu wollen)，这一秘密保留对于表示的意义而言就是无关紧要的。这个表示既非不真实的，也非仅仅出于错误而产生的，因为表意人知道他表示了什么。表意人并非缺乏表示意思，而只是缺乏承认该表示实际对其发生效力的意思。不过这个"意思"是无足轻重的，因为我们已经看到，此种可归责的效力表示的发生效力或不发生效力(Nichtgeltung)，都仅仅取决于在制定法中发生的效力赋予，而表意人对于这种效力赋予，既不能够意愿，也不能够不意愿。人们可以把真意保留的特征，表述为尚未表达的、反对表示发生效力的异议，表述为内心里对表示之效力意义的撤回。表意人说："它应当如此发生效力。"他也是意愿说这个话的，可他心里同时却在想，它应当不发生效力。这种与实际作为相悖的、内心里的矛盾，不值得受到法律上的重视。对内心保留的主张，是一种"自相矛盾的行为"(venire contra factum proprium)[34]，对自己的、有意识且所意愿的作为的否认，这与责任原则、继而与法律的伦理基础处于最尖锐的对立之中。因此，第 116 条第 2 句关于被识破的真意保留应当导致表示无效的规定，尽管因立法者偏袒意思论教条的原因得到心 89

〔33〕 亨勒，第 473 页也认为，这种模拟的表示不是一个无效的意思表示，而是一种根本不应当被看作是意思表示的举动。

〔34〕 参见里茨勒的同名著作。

理学上的理解，但在法政策和教义学上是应当予以彻底拒绝的。第 116 条第 2 句与责任的基本思想不符，与制定法的精神不符，与法的理念也不符。因此，需要考察这个问题，即法官是否必须反对适用这样一条规定——主张适用这条规定，是违反诚实信用原则的。[35] 这个问题只有对于极端的实证主义者来说才是不可讨论的。然而，要回答这个问题，需要以效力问题的阐述为前提，不过对此的阐述将超出本文的范围，所以在这里只能简单提及一下。[36] 无论如何，依第 116 条第 2 句无效的意思表示，依其意义也仍然是效力表示，因此，意思表示这个实证法概念并未因此受到影响。结论依然是，只有这样的举动——暂且不论其无效、可撤销或有效——才应被视为意思表示，即表意人从这个举动中能够且必须期待，他的相对人将如此来理解这个举动。

在回答什么样的举动应被视为意思表示这一问题时，如果赞同这里所持的观点，也会导致对于个体化的情事赋予重要的价值。在著名的特里尔葡萄酒拍卖案（Trierer Weinversteigerungsfall）中，有个外地人举起手对自己的朋友打招呼，却没有预料到自己的举手被作为要约的发出而发生效力。那么问题就是：公平地看，这个
90 外地人是否必须知道举手的含义。如果有人事先向他明确描述了拍卖的流程，那么他就是必须知道的。在这里主观说同样认为举手不应当作为意思表示而发生效力，但持主观说将导致过失或违反注意义务作出有利解释的后果，而这与行为交易中所要求的当

〔35〕 赫尔德在《评注》第 1 卷第 254 页中也强调，第 116 条第 2 句与诚实信用的特殊考量相矛盾。马尼希克，第 238 页和厄尔特曼《评注》，第 375 页也强调作为心意保留之基础的欺骗意图（Täuschungsabsicht）。

〔36〕 这里我请求人们参阅我的论文《论法律效力问题》。据此，我要否定第 116 条第 2 句的效力，因为它与实证法秩序的基本思想相矛盾，也与制定法的特殊规则，即表意人为其举动负责的，以诚实信用为基础的责任原则相矛盾，并因此也与法理念相矛盾，这个条文的产生只能是因为某种误会。

事人的注意义务是不相一致的。如果这个外地人可能完全偶然地进入饭店,根本不知道这里正在举行一场葡萄酒拍卖会,那么情况就不同了。这里,客观说将认为他的举动依然是意思表示,表意人为其表示负责,这会导致产生不公平的结果。在赫尔德举的一个例子中[37],某人在一张表格上签了名,这张表格包含一项付款义务,但此人却以为签名只是为了确认收到了一项通知。在这个案例中,他只需要去读一读这份表格,就能知道它是关于什么内容的。在他签字之前,必须弄清楚自己签字的含义。如果他不去这么做,那么他就必须让签字归责于自己。他能够并且必须知道其作为(Tun)的含义是发出某项意思表示。如果我在大街上收到一份小册子、一份剧院的节目表、一份杂志或者其他类似的东西,然后被告知,收下了这些东西我就有义务支付报酬,那么我就可以加以拒绝,因为根据交易习惯,我能够认为这只是一种促销广告,并且我也无需期待自己会为此支付什么。相反,如果我在剧院里请人把这份剧院节目单,在书店里请人把这份杂志,在旅行社中请人把这本装帧华丽的疗养地小册子递给我,那么我的行为就作为意思表示而发生效力,因为我可以预期,我的做法将被人们视为承担了付款义务。尽管我也可以以为,这份杂志或小册子是出于广告目的而无偿分发的,这份剧院节目单已包含在了入场券价格中,尽 91
管我事实上的确远离于实施一项法律行为上的意思表示的想法。问题并非取决于我实际上是否意识到自己举动的意义被作为某种法律行为上的意思表示、意识到其效力意义,而只是取决于我是否原本能够并且是否必须意识到这种意义,取决于它是否在这种意义上被归责于我。

因此,归根结底,对于某个举动是否应当被视为意思表示,以及表示具有何种内容上的含义这个问题,答案取决于在诚实信用

---

〔37〕 载《耶林年鉴》,第58卷,第118页。

的交易中，以及在考虑到交易习惯、个别化情事和相对人理解可能性的情况下应当要求的谨慎、理智和注意的尺度，亦即取决于一种伦理—目的论的尺度，而并非取决于一种形式逻辑的标准。由此，法官的责任意识、“细腻感”(Feingefühl)就有了一个很大的发挥空间。解释不能与抽象概念的机械运用相提并论，而是应媲美于对一切个体化要素的细心协调，媲美于对目的论原则的不断细分。正如在任何时代中那样，解释曾被视为公正的法官的真正技艺，一种“善良和公平的技艺”(ars boni et aequi)。对于具体法的发现而言，亦即对于具体案情中的法的发现而言[38]，没有哪种决疑论式的制定法条款或教科书能够取代法官应有的那种充满生活气息的体察力(Einfühlungskraft)、直观性(Anschauung)和细致性(Gewissenhaftigkeit)。法官不仅是一台自动售货机，机械地把生活中丰富的具体事件收纳到抽象的概念之网中去，法官还是一个活生生的、实践理性的生物，他必须不断致力于用一般(dem Allgemeinen)来穿透个别(das Individuelle)，并通过多种方式使一般的东西
92 个别化。[39] 起决定作用的并非是法官的恣意，而是制定法的客观理性，通过法官的工作，将这种客观理性适应于个别的东西，并以此方式在个案具体的独一无二性中得到充分的展现。

我们已看到，真正的解释的任务是对可归责的表示含义的查明。经常有人把真正的解释与“补充性”解释区分开来。补充性

---

〔38〕 对此参见宾德尔：《法哲学》，第406页。

〔39〕 对此参见E.考夫曼的精彩阐述，载《德国国家法学者协会文集》(Veröffentlichungen d. Vereinigung deutscher Staatsrechtslehrer)，第3期，第12页“一个正确的判决只能关涉或判定某个正确的个性(Persönlichkeit)。其中并不存在主观主义，而只是对事实的认识，即正义是某种有创造力的东西，而不是对僵化抽象的规范的机械适用。只有在个性中公开出客观的人际价值之处，其在个性中形成并通过个性而形成，才存在创造性的作为(Tun)。”

解释通过把表示的含义延伸至没有得到直接表达的事实上的方式，把表示的含义扩张到原意与可理解含义的范围之外。然而，问题是，“真正的”解释（eigentlichen Auslegung）与“补充性”解释（„ergänzende“Auslegung）之间究竟是否存在区别；倘若这种区别真的存在，那么是否这些情况就不属于解释的领域，而属于基于制定法规范应为之补充的领域，以至于解释和补充就是作为两种完全不同的法律程序而相对存在的。诚然，如我们所知，“真正的”解释同样并非拘泥于词语的意义，而是去追问意思表示在具体的情事之中，根据话语及其他符号的上下文、根据表意人之为相对人可辨识的意见和意图，对于当事人双方而言意味着什么，或者必须意味着什么，以及何种含义是可归责于表意人的。因此，解释对词语意义时而限缩，时而扩张，时而转释，却并不会丧失其法律上意义诠释的特征。而应当如何具体对解释和补充进行彼此界定，这在文献中的争议并不比关于解释方法本身的争议少。不过，为了 93
确定解释的本质，这种界定却是必不可少的。

根据丹茨的观点〔40〕，解释和补充之间根本没有区别。对于丹茨而言，解释与法律后果的认定，与法律上的涵摄是同一的。据此，在通过解释而发现的表示内容与基于任意性规范（Dispositivnorm）的补充之间，就不存在区别。丹茨也把任意性规范的内容视为已表达出来（erklärt）。根据他的观点，解释始终是补充，因为解释是对字面的扩张。因此，丹茨并不区分意义诠释与法律之规范化（gesetzliche Normierung）。与他一样，蒂策也不承认解释与补充之间的区别。〔41〕 他把表示看作“由表示产生的（erzeugten）法律后果的总和”。这样一来，表示的含义就只能依靠制定法才是

〔40〕 第75页。

〔41〕 第481页，第485页及以下。此外，参见《法官的权限与合同内容》（„Richtermacht und Vertragsinhalt“），第14页及以下。

可以理解的。在蒂策意义上的客观的表示含义，便是从制定法为表示所规定的法律后果之整体中产生的意义。然而，制定法为了把法律后果与表示联系起来，表示的含义必须是事先明确存在的。表示的含义不可能产生于应当适用于表示之含义的制定法。因此，丹茨和蒂策的学说本身是站不住脚的。毋宁说，在更早以前所指的意义上，解释是对事实构成的诠释，补充则是将制定法适用于这种已作出诠释的事实构成，对此二者应作严格区分。“表示的含义与任意性制定法，是相互排除的”。[42]

在解释和补充之间难以进行无可争辩的界分，原因恰恰在于，表示与法律后果相关联，同时对法律后果的指称经常是不准确的
94 或不完整的，以至于表示自身是否已指明了某种特定的法律后果，抑或这种法律后果只能从制定法中推导出来，这个问题是不无疑虑的。在马尼希克列举的一个案例中，[43]涉及的是购买了用包装袋提供的货物的买方，是否有义务自费把包装袋给卖方寄回去。对此没有作出明确的规定，从合同目的中也推断不出什么结论。不过，存在一个为当事人双方所知晓的交易习惯，买方有义务把包装袋寄回去。或许此前在当事人之间已是如此操作的了。因此，当事人中的任何一方都能够认为，对方当事人同意这个规定。因为诚实信用要求，那个意愿不按习惯行事的当事人应当提前通知对方。既然对这一点只字未提，那么恰恰可以作出如下积极的解释，即对这一点应当以通常的方式作出规定。因此，当事人未提及的法律后果，既可以通过解释的途径，作为在他们的表示中已被规定的东西而发现之，也可以通过合同漏洞填补的途径，直接从制定法中，亦即直接从援引诚实信用和交易习惯的第 242 条中推导出来。因此，这里涉及的是一种模棱两可的情况，把它归属到这个或

〔42〕 马尼希克，第 121 页。
〔43〕 第 175 页。

那个领域都可能是成问题的。然而,因错误而撤销这个重要问题,却恰恰取决于把这种情况归属到哪个领域,即究竟是解释,还是补充。因为撤销权的正当性仅仅在于主观上表达的表示含义与客观上应被理解和可归责的表示含义之间发生分歧,而不在于被期待的法律后果与基于制定法应产生的法律后果之间发生分离。[44]
这就是说,在寄回包装袋这个规则系基于通过解释认定的法律行 95
为之内容的情况下,假如以为自己不需要寄回包装袋的买方在他明智地评判情况后就不会发出该表示的话,他就有权撤销他的表示。反之,如果这个规则系基于补充性的法律,那么撤销权就被排除掉了。由此可见,人们总是需要决定涉及的问题是解释还是补充,以及补充性解释究竟应归属于这个领域还是另一个领域。

特别是厄尔特曼主张补充性解释的独特属性,认为它一方面有别于真正的解释,另一方面有别于补充。补充性解释涉及下列问题:当事人没有作出明确的规定,但有关规定却可以从行为之整体(Geschäftsganzen)以及诸方当事人的目的中得出。在此,被解释的并非某个单独的意思表示,而是整体行为。反之,被补充的是各个单独的意思表示。[45] 从法律行为的整体关联(dem Zusammenhange)中,可以得出其比各个单独的表示本身所具有的含义更

---

〔44〕 关于法律后果产生的错误只要不是关于表示内容的错误,那么就属于动机错误。认为解释与补充之间不存在区别,并将表示的内容视为法律后果之总和的理论,必将导致在基于补充性法规范的法律后果产生的错误的情况下允许撤销。正如蒂策(第 460 页)所举的例子:A 打算向 B 作出购买要约,并保留合同解除权。然而一位法律顾问(Winkelkonsulent)告诉他,根据《德国民法典》,他本来就拥有合同解除权。于是 A 略去了解除权的保留,并误以为他拥有法定的解除权。在这里,A 并没有就其要约的含义发生错误,而仅仅是就制定法规范发生了错误。他已经表示了他所意愿表达的东西,其错误的观点并非在于,他本来要表达解除权保留,而是在于,他不需要表达解除权保留,因为这是法定的。这种错误是一种动机错误,不具有法律上的意义。

〔45〕《法秩序与交易习惯》,第 154 页、第 177 页及以下。与此相对,施赖尔:《制定法解释与法律行为解释》,第 82 页。

为广泛的含义："那些并未特别规定之地方，已作为整体行为的组
96 成部分而间接地表示出来了，它们被视为源自整体行为之上下关联的直接的表示内容，一并被其包含进去了。"[46]以如此这般的方式理解补充性解释，这种解释就类似于我们根据制定法的精神及其上下关联和诸目的（并把它们作为一个目的论的整体）而对法律规定进行补充的活动。在这里，厄尔特曼非常出色地刻画了解释的任务以及解释的目的论特征。不仅单独的意思表示被解释，而且许多个产生一个相互关联的整体的意思表示被解释。据此，每个单独的意思表示必须如它在整体的关联中应当被理解的那样得到解释。不过，厄尔特曼又动用了主观的尺度、假定的当事人意思，以此取代合同目的的尺度，亦即取代恰当的、适合行为特质的规则的尺度，从而远远超出了客观—目的论解释的框架。[47] 据此，补充性解释以下列推测为基础：当事人本来意愿将一切为达到行为目的所必需的东西安排好了。恰当的东西（das Sachgemäße）就是他们所意愿的东西（das von ihnen Gewollte）。厄尔特曼从中首先得出以下结论：只要证明这个推测的不正确性就足以消除这个推测。也就是说，只要证明存在某个与之相反的意思，就足以阻却补充性解释的可适用性了。[48] 不过厄尔特曼后来又放弃了这一立场。[49] 现在他只允许撤销，但却再次向客观的论证靠近。因为某个纯粹假定的意思当然必须让位于"现实的意思"。只有当补充性解释的结果以某个客观标准为基础时，这个结果才能够对抗事实上的当事
97 人见解而存在。

在补充性解释的适用中要求客观标准的还有马尼希克。"假

〔46〕 第178页。

〔47〕 第179页以下，第190页及以下。

〔48〕 第190页以下。

〔49〕《评注》，第565页。

定的当事人意思，"他说[50]，"也只能被设想为一个客观的校准因素，它应当产生某种不偏不倚的、同等服务于当事人双方的利益规则"。然而，这种假定的当事人意思[51]就变成了一种多余的拟制。取代这种拟制的，是依客观的公平性和合目的性应理解的东西，即实质上正确的东西（Richtige）。施塔姆勒（Stammler）[52]早已指出，吕梅林（Rümelin）[53]也说过类似的话：对于施塔姆勒而言，解释并非一项纯粹逻辑的或语文学的活动，而是一项法律的活动，它试图实现"正确的法"，因而在对被明确规定的东西（Geregelten）进行补充时，必须考虑到实质上正确的东西。对于施塔姆勒而言，这里的关键问题恰恰是（补充性）解释，而马尼希克思考的则更多倾向于以制定法规范为基础的补充的领域。因为，面对补充性解释的结果，他不会允许因错误而撤销，正如面对基于任意性规范的规则，也不会允许因错误而撤销一样。[54] 不过，由于马尼希克在涉及错误撤销时对表示内容与任意性规范作了严格区分，因此他的观点只能意味着补充性解释的结果并非属于表示内容，而是应当与基于任意性规范的法律后果等而视之。

这样，我们就接近了另外一种学说，它不仅反对"假定的当事人意思"，而且认为整个补充解释的领域都属于制定法的补充的范畴。不出所料，这种学说的代表是最强烈地反对任何一种"主 98
观"解释方法的学者，如弗朗茨·莱昂哈德[55]，同样的还有冯·图

---

〔50〕 第 181 页。

〔51〕 他发现科萨克，前引书，第 239 页和恩内克策鲁斯，第 532 页即是如此，尤其是在帝国法院的判例中更是如此（参见下文）。

〔52〕 《正当法理论》（Die Lehre vom richtigen Recht）（第 2 版），第 309 页。

〔53〕 载《民法实务档案》，第 93 卷，第 298 页以下："解释最终依循的是合目的性权衡和公平权衡。"

〔54〕 第 163 页。

〔55〕 《民法实务档案》，第 120 卷，第 37 页及以下。

尔[56]。据此,解释仅仅与对被表示的东西(Erklärten)的诠释有关,而补充则永远不属于解释,补充是制定法的适用,其依据在于补充性的法律规范,在于《德国民法典》第242条。所以,该学说就像前文考察过的丹茨和蒂策的学说一样,否定补充性解释的可能性,只不过出于一个相反的理由:丹茨和蒂策根本不承认解释和补充之间有何区别,莱昂哈德和冯·图尔则清晰地划定了它们之间的界线,以至于不可能存在一个补充性解释的中间地带。

令人感兴趣的是帝国法院对补充性解释问题的态度。补充性解释在帝国法院的裁判中扮演着极其重要的角色,并经常推动它在面对严格法(jus strictum)时使公平发生效力。尽管就方法论而言,帝国法院是以假定的当事人意思为依据的,但它却通过假设当事人双方原本就对实质上正确的东西有所意愿,从而为那种假定的当事人意思赋予了客观的转向。如在第67卷的一项判决中,帝国法院指出[57]:“在不存在另外一个意思被宣告的范围内,就可以假定,当事人双方意愿将具体细节作如此的规定,即符合公正思考的人们之间在交易时考虑到个案的具体情事之时所持的一般观念。”在另外一个判决中,也有类似的表述[58]:“被表示出来的东西,也包括从相关协议的整体关联中推出的不言自明的结论。——必须以此为出发点:当事人双方意愿对那些事项作出鉴
99 于合同目的与交易观念相符合的安排,且依照由他们确定的原则也已作出了这样的安排。”这里清楚地表明,补充解释的结果属于表示的内容。补充解释的结果不仅仅是假定双方当事人想到了,他们就会作出这样的规定的东西,而且还应将它视为由整体行为的关联性所附带规定的东西。所以,在这里,目的论关联的客观要

[56] 第545页。

[57] 《帝国法院民事裁判集》,第67卷,第430页。

[58] 《德国法律解释论文集》,第54卷,第387页。

素就占据了主导地位。帝国法院在考虑从关联性出发对依意义应予理解的东西时走得有多远,可以从另一个案例中窥得一斑。[59] 这是一个关于店铺买卖的案件。卖方已经70岁了,并把买方指定为自己的继承人。不过随后,卖方在同样的地点开办了一家竞争店铺。帝国法院假定,买方正是考虑到卖方具有准备退休并且不再从事任何其他的商业活动这一可识别的意思,才接受店铺的。"因此,根据诚实信用,对被告开办竞争店铺的禁止,构成了买卖合同的不言自明的组成部分。"可见,尽管在这份买卖合同中,根本没有任何词句谈及竞业禁止,帝国法院却依然把它看作是合同"不言自明的组成部分",因为这是合同目的所要求的。这里就根本谈不上什么当事人假定的意思了。被告的这个意思也根本不存在。竞业禁止之所以发生效力,是因为它是实质上正确的东西。

在迄今为止所提到的裁判中,帝国法院把法官的补充活动归属于对合同内容的解释,而在另外一些裁判中,帝国法院似乎更多地考虑到在制定法规范的基础上来对合同内容作补充。如在第92卷的一个判决中,[60] 帝国法院说道:"在合同漏洞的填补中,涉及的不是对当事人合同意思的补充,而始终只是对合同的补充,是 100
法官对下列东西的创制和创造(Schaffung und Schöpfung):对于那种已经发生的,但未被预料到的情况,根据交易中诚实信用的准则、根据合同中对拟被实施的事项表达的意思的准则,认为对当事人应当是正确的东西。"如果说,在这里,解释与补充的界定以及主观和客观标准的应用显得相当模糊,那么帝国法院在第99卷的一项裁判中,则赋予了解释以宽泛的活动空间,这个立场因而显得十分清晰。[61] 这是一个有关遗嘱解释的案件。被继承人把他兄

〔59〕《法学周报》,1908年,第155页。

〔60〕第92卷,第320页。

〔61〕第99卷,第82页及以下。

弟姐妹的两个孩子立为继承人。可是其中的一个孩子先于他去世，留下九个孩子。这九个人主张代位获得在先去世的继承人的继承份额，并诉请出具相应的继承证书（Erbschein）。柏林高等法院终审否决了这一请求，并将案件提交给了帝国法院裁决，因为柏林高等法院的裁判背离了帝国法院的判例。柏林高等法院认为，《德国民法典》第 2069 条包含以下规定：被继承人指定晚辈直系血亲为继承人的，有疑问时，主张他们的晚辈直系血亲为代位继承人是适当的；应当把该规定理解为补充性法律规范。该法院拒绝将该规定扩张适用至所立继承人恰恰并非晚辈直系血亲的情形。反之，帝国法院却把第 2069 条理解为解释规则。它认为，该条款规定的并非遗嘱中某个悬而未决的问题，而是为某种特定情况下对应当如何理解遗嘱本身提供某种指导。因而在其他情况中，倘若将遗嘱也作这样的理解是有特殊理由的，那么这么做并没有什么问题。“在具备第 2069 条要件的情况下，发生疑问时，亦即在遗
101 嘱内或遗嘱外无其他任何线索时，就应当适用对指定继承人作扩张性解释。在其他情况下，如果存在其他的情事，哪怕仅仅是遗嘱之外的情事，可以使解释［结果］显得是在被继承人意思之内的，那么这种扩张性解释也是适当的。”可见，帝国法院为补充性解释开启了格外广阔的空间，[62] 而在方法论上，它时而更多地依据假

---

〔62〕 帝国法院偶尔也将补充解释运用在既非合同解释亦非合同补充的地方，第 99 卷中的一个判例就展示了这一点。某人在 1914 年 8 月负担了一项义务，即在“战争期间”继续向他的检查员（Inspektor）的家庭支付工资。然而在 1917 年他解除了这一义务并拒绝向他的检查员的家庭支付工资。帝国法院认为，在 1914 年 8 月双方当事人预期战争仅会持续较短时间，在此期间双方不会解除合同。而战争持续如此长的时间是双方没有预见到的，在这方面存在着补充解释的空间。——合同明确规定，在战争持续期间应当继续支付工资。合同在这方面是非常清晰和明确的。当事人对战争只会持续很短时间的期待，对合同内容是没有影响的，合同也没有表达这种期待。这种期待已被证明是不切合实际的，应当认为法律行为基础（Geschäftsgrundlage）已经丧失，因此已经不能对“补充性”（实际上仍然是可以解释的）解释创造空间了。

定的当事人意思这一主观要素，时而更多地依据行为目的、事实上的关联以及公正性的客观标准。

由此可见，补充性解释是一种使个案实现“它的”正义的不可或缺的辅助手段。如果人们非要把补充性解释与“真正的”解释相对立，那么人们应该有理由认为二者之间的本质性区分特征在于：“真正的”解释试图查明单个具体的意思表示的含义；而补充性解释除此之外还查明整体行为的含义，这个整体行为以多个意思表示为基础，并可能具有比诸个单个的意思表示更为广泛的含义。诚然，比这种区分更为重要的是，解释——包括补充性解 102
释——与补充之间的界定。这里我们可以与词语含义联系起来。我们把对某种含义关联（Bedeutungszusammenhang）的解释理解为对该关联的“拆—开”（Aus-einander-legung）*，对其内隐含之物的“展—开”（Ent-Wicklung）**，对其至少已“暗—示”（an-ge-deu-teten）之思想的“明—示”（Ver-deutlichung）。此种思想不需要被言说出来，而是可以作为“不言自明的结果”（„selbstverständliche Folge“）从关联中产生。但此种思想必须始终在既存的含义关联中被一并表达，必须被包含于其中。这就是说，它必须从该关联之中，且经由该关联而可被理解。诚然，这种应被补充的思想所要求的不仅是逻辑学或心理学上的权衡，而且还有法律上的权衡。因此，只要从法律行为的关联中以当事人可理解的方式，根据诚实信用，能够并且必须推导出待补充的规定来，补充性解释便应延伸至此范围。而这个如此扩张的含义也必须是可归责于表意人的，即对于表意人而言是可理解的。表意人必须能够意识到，该法律行为依其目的且在公平地权衡所涉利益后，需要这一规则。至于假

* 作者在此及以下利用构词法使用了若干双关语。此处即一方面是阐释（Auseinandersetzung），另一方面是相互间的（einander）解释（Auslegung）。——译者注

** 发展（Entwicklung）即解除（Ent-）缠绕（Wicklung）。——译者注

设表意人想到了这一规则,他是否也会实际意愿这一规则,这个问题则是无关紧要的。所以,补充性解释也并非是根据某个假设的当事人意思来衡量的,而仅仅是根据当事人的理解可能性来衡量的,而且衡量时应当探究恰当的与正确的东西(das Sachgemäße und Richtige)。

诚然,当事人的理解可能性在某种需要特别考察的情况下并不起作用。蒂策举过一个案例[63],涉及的是下列问题:一个为"天主教信徒"(„die Angehörigen des katholischen Glaubens")设立的基金会,在旧天主教会(Altkatholiken*)产生之后,是否也可以使旧天主教徒获益。这里就产生了含义转变的问题。在基金会成立
103 之初,"天主教信徒"这一表述的意义是完全明确无疑的,然而现在它有了两种不同的含义。对于基金会的设立人而言,这种含义转变是不可预见的。设立人的理解可能性无法延伸至这个已改变的含义之上,然而却必须在这里作出决断。可想而知的是,人们应当回溯到假定的意思上,去追问那个基金会的设立人在这种情事下可能会如何意愿。然而没有谁能有把握地说,另外一个人在这种特定的、其无法预料的情况下会如何意愿。用"假定的当事人意思"来论证,结果总会是某种拟制。所以我们必须在此设问,何种含义在考虑表意人之时恰恰是合适的,何种含义对表意人而言是可合理期待的(zumutbar)。如果表意人在对情事作通情达理的评判后,必须把某种含义与已改变的表达联系起来,那么这种含义就是可合理期待的。这种含义是符合已改变的情况下的法律行为(在此处:基金会的设立)的客观目的的。比方说,如果该基金会的设立是以宗教目的而为的房屋出让,且该房产位于大多数天主

---

〔63〕 第487页。

* 即根据1889年乌德勒支宣言成立的、具有独立属性的天主教会,罗马天主教会因此被其称为"新天主教会"。——译者注

教信徒皈依了旧天主教会的地区，那么该基金会只有在现在使旧天主教信徒受益的情况下，才能够适应或者至少是最佳地适应其给天主教教区提供房屋的宗旨。类似的还有也是蒂策所举的另一个案例，该案涉及的问题是，在由某教区所租用的家族墓地中，遗体火化制施行后，能否安葬骨灰。在这里首先也许要提出一个问题，对于该教区骨灰的安葬依其宗教观是否是可合理期待的。因为租用合同的目的要求，对此墓地的使用应当与教区及其成员的信仰相一致。因此，解释时必须对这种信仰予以考虑。所以，在含义转变的情况下，对解释起决定作用的并不是某种假定的当事人意思，而是含义的可合理期待性*。 104

但是，当补充性规定已无法从表示或法律行为的关联中，作为已被包含在其中的东西而推导出来时，补充的领域就开启了。因此，在前述帝国法院的判例中，竞业禁止与晚辈直系血亲的设立是可以从情事中，作为已被一并表述的东西而推导出来的。反之，若在当事人的表示中无法找到对之前协议或惯常规则的参照的话，就很难得出买方寄回包装袋的义务。下列案例同样是不无疑问的：[64]某商用房屋的承租人认为，租赁合同也及于该房屋的外墙，他想将这堵墙用于广告目的，而在合同缔结时，对此却只字未提。在这里，人们很难说当事人双方必须在这种或那种意义上来理解这个租赁合同。更确切地说，合同在这个问题上保持了沉默，以至于人们只能考虑依据某条任意性规范来作补充，并且在缺乏有关任意性规范时，依据《德国民法典》第 242 条来作补充。同样，在因战争爆发等原因而不再可能在商定的地点依合同交付货物，因而法官必须确定另一处交付地点时，涉及的也并不是解释，而是补充。这里作出了一项规定，这项规定既不是在合同中规定的，也不

* 即 Zumutbarkeit，作为刑法术语则译作“期待可能性”。——译者注

〔64〕 参见马尼希克，第 172 页。

是可以从中推断出来的。

所以,解释和补充是法律适用的两种不同功能,但二者却服务于同一个目标:对个别化的法律关系作“正确的”规定,亦即作合乎事实的、与目的相符的、公平的规定。二者的终极尺度都在于“顾及交易习惯的诚实信用”的要求之中。二者都要求一种目的
105 论的和规范的方法。但是,二者是以不同的方式来服务于其目标的。解释,是从案件的具体情事出发,从诸当事人的个别化理解可能性出发,从他们的生活关系、他们的语言习惯、他们其他的相互联系的特殊之处出发,力求查明某一个别化表示的个别化含义。补充,则与之相反,更多地考虑一个案件的典型性,找寻对该案作出具有普遍适用性的规定,并且要么在某项特别的制定法规范中,要么在交易习惯和诚实信用原则的适用中发现这种规定。解释仅仅针对具体案件,同一个词语在另一个案件中可能有不同的解释。相反,补充则想要对其他诸案件提出一个有效的规则。所以,即使第 157 条和第 242 条对“诚实信用”援引的本身意义也有所区别:在依第 157 条进行解释时,法官是站在当事人的立场上,追问表示恰恰对当事人而言具有何种含义;而在依第 242 条进行补充时,法官是站在立法者的立场上,追问在自己若是立法者的情况下,将为这种情况设立何种普遍有效的规定。所以,法理念的不同功能在第 157 条和第 242 条中得到了表达:公平,使每一个法律案件的个体化的东西凸显出来;正义,使每一个法律案件的普遍适用的东西昭示天下。[65] 诚然,这两种功能在法理念中是合而为一的,任何一种功能在离开了另一种功能之时都是无法想象的,因为这种理念的本质恰恰在于,使普遍适用的东西(das Allgemeingültige)在个别化的东西(dem Individuellen)中发生效力。所以,通过为个别化

〔65〕 关于正义的本质及其与公平的辩证关系,参见宾德尔,前引书,第 396 页及以下。

的东西设置规范,解释追求超越个别化的东西。而通过使一般规则适应于具体情况,补充也追求进入个别化的东西。解释与补充之间对立的深层次根源就在于此,同时我们也就可以理解,为什么对二者作界定是如此困难。原因在于二者都是通过法理念而确定 106
其方向的,只是方式各不相同。法律适用的这两种功能通过相互交织,共同服务于法律这个“客观精神”(„objektiven Geistes“)世界中生机勃勃的整体的后续发展。因为,对于某种特定的公平性裁判(Billigkeitsentscheidung)逐渐形成特定的标准后,这一标准便有能力被制定法所固定,并转化为一项解释规则,甚或一条任意性规范。而在这些制定法规范的实存之上,法官的法律意识渐次产生,同样地,这些制定法规范也会反作用于该公平性裁判。所以,归根结底,“公平之法”的理念,必须引领法官从事法律行为的解释活动和补充活动。

后　记

我的关于法律行为解释方法的教授资格论文，自战争结束以来就购买不到了。显然，现在只有少数几家图书馆里还收藏有此书。因此，国内外对本书有兴趣，但却无法在图书馆中借阅到此书的人们，屡次请求我把我自己的那册书提供给他们做短期阅览。很遗憾我无法满足这种请求，因为由于战争的影响，我自己所藏的也仅是早已发黄并破损不堪了的付印清样。因此，我很高兴地同意了梅茨纳出版社（Metzner-Verlage）出版这个未修订的重印本的提议。

不言而喻，较之于那时，我在 37 年后会对一些内容作出不同的表述，但在本质上，本书中所阐述的观点，即“意思表示”不是一种意思通知，而是“效力表示”，仍然是我今天的观点。这一观点，已进入了此后发表的著作中；请允许我在这里援引如下：恩内克策鲁斯－尼佩代（Enneccerus-Nipperdey）《民法总论教科书》（das Lehrbuch des Allgemeinen Teils des Bürgerlichen Rechts），第 15 版（1960）§ 145，II，2 和 § 164，II，3；以及杜尔凯特（Dulckeit）在《弗里茨·舒尔茨纪念文集》（Festschrift für Fritz Schulz）中的论文，1951 年版，第 157 页以下；和弗卢梅《民法总论》(Allgemeiner Teil des Bürgerlichen Rechts)第2卷(1965) §4,7。如果弗卢梅认为,"效力论"与被正确理解的"意思论"说的根本就是一回事,那么就此我将不会和他争论。无论如何,"意思论"并不总是像弗卢梅所想要理解的那样被理解。部分赞成、部分批评的意见见于路德维希·赖泽尔(Ludwig Raiser)的《一般交易条款法》(Das Recht der Allgemeinen Geschäftsbedingen),第154页及以下(特别参见第155页注释2和注释4),以及最新的,帕夫洛夫斯基(Pawlowski)的《无效意思表示的法律行为后果》(Rechtsgeschäftliche Folgen nichtiger Willenserklärungen)(1966),第211页以下。最后,蒂勒在《法律行为理论中的同意》(„Die Zustimmung in der Lehre vom Rechtsgeschäft")中的论述,1966年版,第107页以下(unter b),完全是在本书所阐发的意见的意义上提出的,尽管作者并未明确援引本书。 107

不过,我仍想在一个方面明确地修正我当时的观点。第53页及以下的论述受到了法律实证主义的影响,就其对赖纳赫(Reinach)和G.胡塞尔的批评而言,我的论述对这些学者并不公正。意思表示(如法学家所称呼的)是一个动作,该动作依其意义指向于此,即某种东西(法学家会说:法律后果)应当发生效力。无论某种实证法秩序是否存在,这些动作都是可以设想的。法律行为依其本质并非实证法秩序的某种创造物,而是某种先于法秩序而被给定的东西,就像所有权、合同、不法行为一样,是一种法律逻辑上的先天之物(ein rechtslogisches a priori)。这并不排除在一种我们生活于其中的发达的法律状态中,只有那些被相关的法秩序承认为有效的法律行为、合同等才获得法律效力,因为它们满足了法秩序为其设置的条件。因此,它们的效力既依赖于私法自治之效力制造的法律行为之动作(dem rechtsgeschäftlichen Akt privatautonomer Geltungserzeugung),也依赖于实证法继而对该动作的承认。彼时我对这个问题的看法与此时不同。我希望,在不久的未来,我能够对我以为在此期间获致的观点作进一步的阐释和论证。

卡尔·拉伦茨

1966年8月于

慕尼黑附近的格勒本采尔(Gröbenzell bei München)

附录:弗朗茨·维亚克尔的书评

法律行为解释之方法*,**

弗朗茨·维亚克尔
(Prof. Dr. Dr. h. c. FRANZ WIEACKER)
哥廷根大学教授

载1967年7月7日《法学家报》(Juristenzeitung),第22年度,第13期,第385-391页。

I

同名著作***是拉伦茨1930年在哥廷根大

---

* 该书评译文由范雪飞译出并发表在《中德私法研究》第14卷,同时特别感谢王洪亮教授、张双根教授和吴香香教授对本译文的审读,尤其是吴香香教授对本译文进行了精到的修改,特此致谢。——译者注

** 本文系对卡尔·拉伦茨的《法律行为解释之方法——兼论意思表示理论》的评论,该书由阿尔弗雷德·梅茨纳(Alfred Metzner)出版社于1966年在法兰克福和柏林出版,全书共X+108页。鉴于该问题的现实性,《法学家报》编辑部友好地接纳了本文这种长篇评论文章。

*** 拉伦茨的著作与维亚克尔的评论文章的名称相同,维亚克尔故此称两者为同名著作(Die gleichnamige Schrift)。——译者注

学完成的教授资格论文的照相制版重印本，自那时以来该著作产生的强大影响使得其再次重印极为有益。该著作在那个时候尝试进行对上一代两大主流思想的检验：在特别方面，该著作通过判例和学说上的更自由的法律续造，克服了制定法实证主义；在一般方面，该著作一方面全面讨论了从李普斯（Lipps）到伽达默尔（Gadamer）新德国哲学中的诠释学问题，另一方面也全面讨论了盎格鲁－撒克逊—斯堪的纳维亚新实证主义中的语义学（Semantik）。

由于拉伦茨仍然受到他那个时代缓和的实证主义的束缚，因而他在导论中（第 1 页至第 9 页*），首先从《德国民法典》第 133 条和第 157 条这两个"自身也需要解释"的规范出发展开研究。但是，拉伦茨没有再用实证主义而是用"一种扬弃了主客观解释方法二元论的全面思想"（此处的"扬弃"即黑格尔辩证法意义上的"扬弃"，第 8 页和第 9 页）去完成这一任务，即试图使这两个规范在体系上形成不相互矛盾的关系。事实上，直到今天，对于解释理论的新路径而言，消除这两个制定法规范之间的矛盾仍然是首要前提。本文以下进一步阐述的内容，部分地独立于拉伦茨的思维进路（Gedankengang）。

当下流行的学说逐渐给第 133 条的"实际意思"（„wirklichen Willen"）赋以"真实意义"（wahrer Sinn）的含义。但是很明显，对其进行"文法"（„grammatisch"）解释而将其解释为当事人的"实际原意"肯定更符合采用了意思论的立法者的意图。如此在"实际意思"与第 157 条的"交易习惯"之间必定自相矛盾，在我们这个世纪三分之一的时间里，在一个不矛盾的体系关联（widerspruchsfreien systemzusammenhang）中的这种张力，一直是法学实证主义的主题。首先容易想到的尝试是将第 133 条理解为意思论的表白，将第 157 条理解为"表示论"自身，如此，这两者的关系就

* 此篇书评中所指页码，是拉伦茨原文中的页码，即本书边码。——译者注

在逻辑—体系上协调起来。如此就必然会产生如下结果，即第133条与单方表示相关，而第157条则与指向合同伙伴的合同表示（Vertragserklärung）相关，因为只有在这种情形下，立法所作的这种安排才是正常的。易言之，合同伙伴的合理期待必须借助于某个共同语圈（gemeinsamen Sprachkreises）的表达习惯（Ausdrucksgewohnheiten）才能确定。实际上，两者的关系是难以如此界定的，这表现在：单方的需要受领的意思表示同样会引起受领人的相同期待，因而第133条必须限于不需要受领的表示，实际上就限于单方的遗嘱安排。事实上，蒂策（Titze）已经提到了这一点（参见注释7*）。

实际上，协调这两个规范的这种尝试已经完全失败，在一个二维的、封闭的规范体系里，第133条和第157条并没有简单的协调一致的逻辑定位。确切地说，教义学历史的背景——经由整体的共同法传统（gesamte gemeinrechtliche Tradition）而将这两个规范追溯至其罗马法源头——显示，每一个论题（Topos）自身都拥有持续不断的诠释学传统，其他论题总是既不否定某个特定论题也不会填补它的空隙。第133条一方面简单地告诫法官要注意基本的诠释学错误，即仅仅重视从死的文字中推导出含义，而忽略从语境可达致的范围内合理推导出的含义；另一方面，第133条禁止了双方当事人相互（就像欧伦史皮格为他的师傅烘烤出猫头鹰和长尾猴**）采用

---

* 指维亚克尔在本文中的注释。——译者注

** 这是一则德国民间故事。相传在中世纪的德国，一个名叫提尔·欧伦史皮格的人，经常捉弄他人，走到哪里蠢事就做到哪里，在一个面包房当伙计时，他曾经烤出来了一个猫头鹰和长尾猴形状的“面包”。这则故事在德国流传极广，以至于德语中欧伦史皮格成了捣蛋鬼、捉弄他人者、滑稽的人的代名词，“猫头鹰和长尾猴”也就被用来形容人们故意做蠢事。1905年德国下萨克森州的不伦瑞克市将此故事塑为雕像，成为当地一景，后来德国的其他地方也出现了相同主题的雕塑。参见 Schulz-Grobert, Jürgen. *Das Straßburger Eulenspiegelbuch. Studien zu entstehungsgeschichtlichen Voraussetzungen der ältesten Drucküberlieferung*. Berlin, Boston: De Gruyter, 1999。——译者注

愚钝的或者狡诈的词句,仿佛“假装愚蠢”。只有在这两方面第133条才对可识别的误言(falsa demonstratio),以及甚至被识破的真意保留(第116条第2句)具有效力。但是,第133条却完全没有表明,一个不可辨识的“真实意思”是否仅仅依其自身就决定了表示的含义及其法律后果。由于这个原因,第133条并不包含着对意思论的肯认。

另一方面,第157条要求法官和当事人关注表示在“交易习惯”上的含义以及由此引起的双方合同当事人的合理期待,此外,它也再次禁止双方当事人诉诸基于良好信赖(guten Treuen)而在过去或者现在所不容许的含义。应当这样理解,即第157条反过来而言也没有为一种虽被表达出来,但却并非当事人原意的意思确立标准,就此方面而言,它也并没有肯认“表示论”。

由此可见,第133条和第157条实际上只是描述了对于意思表示和合同的诠释学工作的不同方面。第133条是在贝蒂〔1〕*“整体原则”(„Kanons der Totalität“)的意义上,要求从表示的整个语境可达致的范围内推导出表示的含义,第157条是在“客观性原则”的意义上关注客观化的语义。在这里也就是说,对于某项真实的语言习惯而言,表示归责的基础和标准就是言者和听者的责任,而这是独立于“诚实信用原则”(Treu und Glauben)的。〔2〕

---

〔1〕 基本内容参见:Teoria generale dell' interpretazione (Milano 1953);精当的概述参见:Zur Grundlegung einer allgemeinen Auslegungslehre, Festschr. Rabel II, Tübingen 1954, S. 79 ff. („hermeneutisches Manifest“)。

* 指意大利著名哲学家、法学家和神学家埃米利奥·贝蒂(Emilio Betti),他对诠释学的发展有极大贡献,注释〔5〕所列举的分别是他在法学和哲学方面的名著。——译者注

〔2〕 关于表示责任,参见 Manigk, Irrtum und Auslegung, S. 242 f.,关于参与者对“正确语言习惯”的责任,以及对他们之间语言的成功理解的责任,参见 *Demetrios Bailas* 的新观点:Das Problem der Vertragsschließung und der vertragsbegründende Akt, Göttingen 1962, S. 42 ff. u. ö.

因而这两项规范不应当再被理解为是对有效意思表示的效力基础的传统解决方案——意思或者表示——的回答。第 133 条和第 157 条的相互关系首先让其他的一些模式获得了一种容易理解的重要价值:"信赖理论"(„Vertrauenstheorie“)、"语言相互理解"(„sprachlichen Verständigung")理论,[3] 以及拉伦茨在其著作中所确立的"效力理论"(*Geltungstheorie*)。在这个意义上,拉伦茨的著作设定了一个合理的目标,它将古老的二元论带回到一种"全面思想"(„umfassenderen Gedanken“)上来。然而,他的这本著作一方面首先指出的是这两个制定法解释规范的前述两种论证路径所存在的概念—体系矛盾,但另一方面却又认为这两个规范在今后仍然是意思表示解释的主要指导方针。

Ⅱ

在本世纪的前三分之一的时间里,二元论完全支配着法律行为理论,该著作(第 10 页至第 33 页)第一部分转向了对二元论的批评。拉伦茨(第 12 页)敏锐地指出了丹茨的激进客观主义("表示与内在意思不相关")[4] 的荒谬性。同样,他也并不赞成激进的主观主义,后者认为,没有被表达出来的意思也(且仅有它)发生效力,且除了第 116 条第 1 句、第 119 条和第 157 条外,《德国民法典》的编纂者们倾向于意思论是显而易见的。如此看起来未来是属于折衷论的,然而折衷论的弱点在于它虽然对意思或者表示进行了必要的外在调和,但并不是一个协调一致的替代方案。

---

[3] 参见本文注释 2,以及后文第Ⅲ 2 c 部分。

[4] Danz, Die Auslegung d. Rechtsgeschäfte 3. Aufl. 1911;以及《耶林年鉴》第 38 卷,第 44 页以及下;第 54 卷,第 38 页及以下;拉伦茨对此的批判见于本书第 12 页及以下。

拉伦茨接着(第 14 页至第 22 页)考察了鲁道夫·莱昂哈德[5](在重视客观论的同时,亦顾及个别情形,如误言等)和弗朗茨·莱昂哈德[6](指出法律解释处于哲学解释和逻辑—语义学解释之间的中间位置)的折衷的客观论。他们两人都反对著名的 Semilodei 案(*RGZ* 68,6 ff.)的指导思想。同样,拉伦茨认为,蒂策[7]的调和方案(对交易行为进行客观解释,对不需受领的意思表示进行主观解释)和厄尔特曼[8](如同往常)具体而实用的调和方案(如果相对人辨识出了"原意",它就是"真实意思";其他情况下"原意"就是"交易习惯"上的含义),也没有解决好二元论并因此否定了这些方案。基于明显的主观主义,马尼希克[9]认为"在表示中表达出来的意思"首先具有决定性;对于受表意人行为影响之表示意义而言,表意人的责任应当仅仅是一种替代。尽管马尼希克坚持认为后面的这种观点具有全面的有益性,可以替代"主客观"二元论,然而"是意思还是表示"的问题仍然不可避免地继续存在(参见拉伦茨书,第 32 页)。支持该替代论的最后一个理由是此种见解,即解释原则自身最终必须从法律行为在法律上的效力基础中推导出来。然而,当拉伦茨在解释中推论出意思表示的本质是效力动作(Geltungsakt)时,他在 1930 年也就遵循了这种传统前设——他在这篇卓越的著作中认为,这种效力动作["含义的归责"(„Zurechnung der Bedeutung“)]是实证法的某种抉择(第 53 页)。实际上,新的普通诠释学对意义"诠释"进行的不断增多的阐释就已经表明,某个词句的含义是一个先决问题,人们必须将它与某个法律后果的含义进行区分,法律后果的含义是由法

---

〔5〕 Der Irrtum als Ursache nichtiger Verträge,1907,S. 83 ff.

〔6〕 AcP 120(1922),14 ff.

〔7〕 Die Lehre vom Mißverständnis,1910,S. 83 ff.

〔8〕 Rechtsordnung u. Verkehrssitte,S. 133 u. ö.

〔9〕 参见注释 2,以及《耶林年鉴》第 75 卷(1925 年),第 125 页及以下。

秩序一次性清楚设定了的（参见后文第5部分第2段的内容）。

Ⅲ

1. 该著作的重心是第二部分（第34页至第69页），在这一部分，拉伦茨阐明了效力表示的结构，并基本克服了理论二元论。他的这种认识现在已经在很大程度上得到了承认，因为其观点与方法转换出色地协调一致，此种方法转换在民法学上是通过回归先验事理结构（apriorische Sachstrukturen）而克服了（非批判的或新康德主义的）形式主义。对于拉伦茨在1930年前后所作出的贡献，较之于人们当时对这种方法转换所作出的最初评价，现在应当给予其更高的评价（在当时，拉伦茨却与赖纳赫和G. 胡塞尔的先验论保持着距离）[10]。当然，他大胆的新学说仍然部分地受制于他所在时代的方法论语言（Methodensprache），也是可以理解的。

拉伦茨首先就澄清，意思表示是一种社会行为（如果人们想要强调此种行为的“目的”，我们今天会给这种社会行为附加上目的限定）。因而，意思表示不仅仅是“自然的表示”（„natürliche Erklärung“），即不仅仅是一种从声音或者符号中产生出来的物质产物（physisches Hervorbringen）——因为表意人的社会意图还没有达到法律上行为（rechtliches Handeln）的程度。因而，如果人们（如尼佩代）想用“社会行为”（„Sozialakt“）来称呼意思表示，不仅是不准确的，而且是空洞无物的。因为意思表示是人们的一种宣告（Verlautbaren），以表达某种意义、“诠释”某个事物。拉伦茨正是通过指出这种宣告的特殊结构（如他之前的赖纳赫用另外一种

[10] 第57页，注释1；另参见第108页（1966年版后记部分）。

方式[11])而取得根本性突破的。这种宣告不是“意思宣告”(„Willenskundgabe“),即不是一种既有的、独立于通知本身的某种内容——例如其自身在将来会用某种方式表现出来的意思或者意图——的通知。相反地,用拉伦茨那个时代的哲学语言来说,意思表示具有“情绪的”或者“意志的”特征[12](如命令、请求、债务承认或者原宥)。但是,意思表示因其法律内容而使其与其他表达动作(Äußerungsakten)区别开来。拉伦茨认为,意思表示是效力表示:“如此,允诺并不意味着允诺人将要做某事,也不意味着允诺人想要做某事,也不意味着允诺人想要受到拘束,而只是意味着允诺人将自己与某个行为关联在一起,实施该行为是他应当承受的拘束。正如前文已经指出的,从现在开始意愿最终从允诺中被抽离出去了。允诺的有效不是因为‘我想要那样’,而是因为‘那样是正当的(rechtens)’(拉伦茨该著作第44页)。”对于这种构造,也许不可能有哪一种阐释能比十二表法中令人崇敬的“用语言来表达,这个语言就是法”(uti lingua nuncupassit, ita ius esto)一语更形象的了。

拉伦茨用令人信服的透彻性对民法上的三个单独事实构成(转让、给付、赠与)进行了确证(第39页至第45页)。他指出,在这里,认为意思表示就是意思通知的话,必定导致不可消除的二律背反(第45－53页)。最后,他审视了其所主张的效力表示与国家制定法的“效力赋予”之间的关系(参见《德国民法典》第145条

---

〔11〕 Die apriorischen Grundlagen d. bürg. Rechts, 1913; Neudruck München 1953 mit dem Titelzusatz: Zur Phänomenologie des Rechts.

〔12〕 在第34页,第二部分的标题“意思表示作为效力表示的情绪特征”已经表明了意思表示的情绪特征。在同样的意义上,拉伦茨将意思表示的特征描述为“意志行为”(第50页以下;他也同样采用了海因里希·迈尔的“情绪表达的逻辑”这样的表述)。现在盎格鲁－撒克逊语义学也在研究“行事性话语”(Performative Utterances)(Austin、White、Watkins等人所倡);参见本书第75页以下注释〔2〕的Bailas的观点。

及其以下;第 305 条)。因为他(与胡塞尔[13]和布洛[14]的“当为表示”相辩驳)当时仍然坚持实证主义的主场(他的观点现在已明显转变,参见后记,第 108 页),因而认为是法秩序首先赋予当事人表示以效力特征。对此,我将在后文再回过头来讨论(下文第 3 段)。

2. 该著作的首要贡献是为当时的民法学提供了一个全新的分析结构,他的意图是克服“意思或者表示”的二选一,他通过将意思表示理解为“复杂的意义构造”[15]而实现了这一意图(如同人们已经抛弃了有关人身体与精神的二元论一样)。与此同时,对他而言,“意思原则的优先性”也已失效:“解释不是针对‘意思’以及意思和表示的关系进行解释,而仅仅是针对表示的不同的可能含义进行解释。”(第 69 页)——然而,应当指出的是,拉伦茨在归责问题上并没有完全摆脱诠释学问题的基本束缚。而他的基本观点恰好符合当今的诠释学理论,其在总体上与伽达默尔的代表作《真理与方法》(1964 年)所表达的内容相符合,对于法律解释这一特别方面其与贝蒂的《作为精神科学普遍方法论的诠释学》*(„Teoria generale della interpretazione”)(1953 年)所表达的内容相符合。基于其此种基本观点,拉伦茨不仅在意思表示这一意义构成物的解释方面获得了许多成果,而且在缺乏意思的表示的法律后果方面也取得了一些——说服力相对较弱的——成果。在我

〔13〕 Rechtskraft u. Rechtgeltung, 1929, S. 1 ff. u. ö.

〔14〕 Geständnisrecht S. 125 ff., dem sich Larenz S. 65 ff. stark annähert. Kritisch dagegen S. 63 ff. zu Henle, Vorstellungs-und Willenstheorie in d. Lehre v. d. jur. WE, 1910, S. 391 ff. u. ö.

〔15〕 对此参见本文注释〔23〕和注释〔24〕。

* 该书为意大利文著作,1953 年在米兰出版,其德文译本 1967 年在德国图宾根(Tübingen)出版,在德文译本中,书名被翻译为 Allgemeine Auslegungslehre als Methodik der Geisteswissenschaften,,此处按其德文译本书名译出。——译者注

们转向考察其效力论之前,我们先考察它与当今法律行为理论其他论证路径(Leitmodellen)的差异,即考察它与意思论(a)、信赖论(b)和一种新理论"语言相互理解论"(„sprachlichen Verständigung")(c)的区别。

a)效力论与萨维尼的经典意思论(参见第59页,并参见温德沙伊德著名但不甚重要的新见解)之间的差异在于,效力论认为意思表示的效力基础不在于先,在于表示的、由表示宣告的意思。正如拉伦茨所强调的,意思自身不再被归入"法律创造力"(„rechtsschöpferische Kraft")之中。一如科因(Coing[16])和基夫纳(Kiefner*)最近清楚阐明的,萨维尼法律行为理论将康德的道德自由的自律(Kants Autonomie der sittlichen Freiheit),作为意思论的确证基础。因此,当今天弗卢梅[17]认为,效力论与"得到正确理解的意思论"并没有什么区别时,正好与拉伦茨在本著作后记(第107页,顺便友好附注:他不想就此与弗卢梅进行争论)中的坚持针锋相对,"无论如何,'意思论'并不总是像弗卢梅所想要理解的那样被理解"。对此,评判者或许会说,弗卢梅把他的法律行为理论理解为对萨维尼的理解的真正回归,他的意思表示具有与效力论不同的内容。除此之外,对此也必须说,拉伦茨对意思论的妥协也表明了效力论在解释问题(Auslegungsproblem)上也存在裂痕。因为意思论正好包含着对法律后果所产生的正当性基础的表述(用拉伦茨的话说,就是表示的"归责"),亦即尊重当事人自由意志的创造力,同时,拉伦茨现在也发现归责的基础不在于实证法的效力赋予,而在于效力行为作为当为表示的"法律—逻辑"本质

〔16〕 尤其参见:Kant u. d. Rechtswissenschaft. Frankfurter Universitätsreden 12, 1955, S. 34 ff. 基夫纳的深入研究著作即将出版。

* 原文正文此处共有两个注释〔16〕,后一个注释并无内容,应是同引第一个注释〔16〕。——译者注

〔17〕 Der Allgemeine Teil des BGB Ⅱ:Das Rechtsgeschäft,1965, § § 4 u. 7.

(后记,第 107 页)。但如此又产生出解释问题与意思表示归责基础两者的关系问题。如果解释就是查明意思表示的含义,那么这种查明无论如何都先于通过解释予以澄清的意思表示之法律后果的归责(如今天从一开始就彻底要求训练有素的法律人要首先查明意思表示的含义,他们可能更容易得出一个偏离了“原意”的意思表示意义)。相反地,如果效力表示完全不能归责于某人,那么解释问题就陷入了空白。我们将回来(下文第Ⅳ部分第 4 段)继续讨论这一困境,尤其是对表示意识(Erklärungsbewußtsein)问题进行分析。

b)从表示论并不能走向拉伦茨的效力论,他在他著作的第一部分就已经表明了这一点。但表示论的新观点却存在这种可能,因为它也为意思表示提供了法律伦理上的效力基础,基于韦尔斯帕赫(Wellspacher*)的“对外部构成要件的信赖”(„Vertrauen auf äußere Tatbestände“),这种新观点被称为信赖论(Vertrauenstheorie),根据信赖论,意思表示的归责基础就是表示使意思表示受领人所产生之信赖。拉伦茨对于信赖论的观点,清晰地展现在他与丹茨(第 12 页)的争论,以及其著作的第三部分的实证应用中(参见后文第Ⅳ部分)。然而,应当指出的是,拉伦茨也没有放弃信赖论中明显的合理因素,即表意人对于受领人理解可能性的责任。这种责任已经涉及对自然法的认识(可以追溯至斯多噶学派的语言理论),自然法存在于社会性共同生活(“人类社会”)的本质之中(in der Natur des sozialen Zusammenlebens),“被表示的决断无论是语词还是符号,其足以产生法律效果,不是因为它的明晰性而是因为它的极大可能性。因此,通过语词表达出来的事物,即使悖

---

* 莫里茨·韦尔斯帕赫(Moriz Wellspacher),德国私法学家,他的著作《对民法中的外部事实构成之信赖》(Das Vertrauen auf äußere Tatbestände im bürgerlichen Rechte)被认为是现代意义上的积极信赖保护理论体系形成之作。——译者注

于表意人也应被当作真实的事物”（格老秀斯[18]）。然而，较之于效力论，信赖论事实上在这个问题上会产生另外的结果。因为信赖论的法律后果归责，完全是从表意人的责任中推导出来的，而严格的效力论却一定是可以防止信赖损害的，因为根据拉伦茨的观点，一个纯粹表面的效力表示（Geltungserklärung）对于法律后果是没有足够的归责基础的。然而，我们将看到，拉伦茨至少在表示意识的问题上没有将这一结论坚持到底。

c）拜拉斯（Bailas）新的研究[19]指出合同订立行为是当事人通过“恰当的语言习惯”达成的一种相互理解。这种相互理解理论（Verständigungstheorie）的优点在我看来就是，不应当仅仅从单方面的当事人表示（无论其性质是意思通知、信赖事实还是效力表示）出发将意思表示理解为是社会达成一致（至少在合同表示和需要受领的意思表示的情形下是如此），而应当首先被理解为各个当事人在沟通上的成功或者失败。［顺便提及，《德国民法典》第157条仅仅在“合同”解释的前提下才适用，而不适用于合同提议（Vertragsanträgen）或者同意声明（Annahmeerklärung）之解释。］这符合意思表示的这种特征，即意思表示是旨在调节人际关系的一种相互理解行为，同时它也与特定的诠释学问题相符合，即理解始终是对某人曾经认识的当下理解。也就是说，理解首先不是客观的旁观者（例如法官）[20]的理解，而首先是当下正在进行沟通的伙伴的理解。尽管拉伦茨仍然坚持其效力论的观点，但是他也曾

〔18〕《论战争与和平法》，第Ⅱ卷第4节。参见（以及相关的经院哲学传统）维亚克尔：《近代私法史》，1967年版，第293页及以下；以及迪塞尔霍斯特：《胡果·格老秀斯的承诺理论》（Diesselhorst, Die Lehre d. Hugo Grotius vom Versprechen, 1959）；以及拜拉斯（注释2），第79页及以下。

〔19〕Bailas aaO s. 12 ff. u. bes. 69 ff.：Der vertragsbegründende Akt als sprachliche Äußerung.

〔20〕因此拜拉斯在前引书第30页以及下批判了拉伦茨的客观意义概念。

认为可以在"特定意识中"获得表示的含义(第 70 页)——但是,这一观点在他的效力行为本身中并没有得到证明,而且正如我们即将指出的(后文第Ⅳ部分第 1 段),拉伦茨的学说事实上前后一贯地掩盖了效力表示必要的客观性。

3. 拉伦茨在意思表示中发现的(第 53 页)有关效力表示的归责基础问题,涉及法律理论上的根本问题。现在我们比较一下他在后记第 107 页中的自我修正。1930 年的拉伦茨将归责基础看作是"国家的效力赋予"(„staatlichen Geltungsverleihung"),他引证宾德尔(Binder)和舍恩菲尔德(Schönfeld)的观点,坚决与赖纳赫(Reinach)和胡塞尔(Husserl)的观点保持距离〔21〕,他们认为允诺行为已经拥有了独立于全部实证法秩序的效力。拉伦茨几乎在同一时期发表论文《法律效力问题》,显示出他更多的是对黑格尔主义主题而非对实证主义主题的反对〔22〕。无论如何,拉伦茨从那时起已经用 F. 佐默(F. Sommer)的"批判现实主义"(„Kritischen Realismus")〔23〕和 F. 考夫曼(F. Kaufmann)的"逻辑和法学"(„Logik und Rechtswissenschaft")〔24〕来分析其"客观意义构成"(意思表示即属之)范畴。

与此相对,他现在在后记中——确定无疑地——承认,效力行为"被认为完全不依赖于实证法秩序是否存在。根据它的本质,法律行为不是实证法秩序的创造物,而是如同所有权、合同、侵权行为一样,是实证法秩序的预先给定——这是一种法律逻辑的先

---

〔21〕 第 53 页及以下,以及第 57 页注释〔1〕。

〔22〕 另外,他自己也指出:"受实证法影响"(后记第 108 页)。

〔23〕 Kritischer Realismus u. posit. Recthswiss. I, 1929, S. 111 ff.;对此参见拉伦茨本书第 45 页注释〔1〕。

〔24〕 考夫曼前引书第 73 页;对此参见拉伦茨本书第 48 页注释〔1〕。拉伦茨针对考夫曼而作出的保留,见本书第 32 页,另见第 51 页注释〔3〕。拜拉斯前引书第 69 – 78 页从新的路径入手,利用语言理解动作对考夫曼予以赞同。

验论”(第 108 页)。然而,现在也仍然需要实证法“附加肯认”(„hinzutretenden Anerkennung“)此种行为的实证效力。

正如其观点最后的缓和所显示的,人们可能还应当继续研究该问题。随着对意思表示先验结构的肯定,拉伦茨现在已经与胡塞尔和赖纳赫[25]的现象学允诺分析(phänomenologischen Versprechungsanalyse)接近(第 108 页明显地显示了这一点)。那么需要问的是,是否如同拉伦茨所言,这真的只涉及法律逻辑的先验论(rechtslogisches Apriori)(参见“被认为完全不依赖”),要是法律逻辑的先验论与严格的实证主义,如纯粹法学,完全协调一致的话(如拉伦茨今天提出实证效力赋予:第 108 页),或者,是否其并没有涉及实在的、事实逻辑结构(materiale, sachlogische Strukturen),如威尔哲尔(Welzel)在其目的行为思想(Leitfaden der finalen Handlung)*中所揭示的(在方法论上其与拉伦茨的效力表示属于同一个范畴)。那么这种事实逻辑结构可能预先就先验地决定了法律行为的实体规则(Regelungsmaterie),以至于因为立法者没有注意到事实逻辑规范关系(sachlogischen Regelungsbezug),这必定会导致立法者所制定的法律行为的实体规则与法秩序的意义相背离。

这样的规则尽管可以被强制执行并受到法官的尊重(如威尔

〔25〕 前文注释〔11〕以及〔13〕;另见拜拉斯前引书第 69 页以及下。

* Hans Welzel 是德国著名的法哲学家和刑法学家,他提出了著名的“目的行为”(finalen Handlung)说,该说在批判“因果行为论”的基础上,认为人总是预先确定目标并选择达成此目标的手段,进而使用选择的手段向达成目标的方向努力,这种目的性才是行为的本质要素,“对行为,不应只作为因果过程来把握,而应该和该行为所追求的目的联系起来加以理解”。其学说对刑法学产生了重要影响,参见谢焱:《刑事政策考量下的刑法教义学应何去何从——本体论亦或规范论?》,载《河南财经政法大学学报》2013 年第 1 期;谢望原:《论刑事政策对刑法理论的影响》,载《中国法学》2009 年第 3 期。——译者注

哲尔现在所承认的[26],人们几乎不谈论明显不公正并因此而丧失拘束力的法律),但是,它是不公正的,因为没有足够的材料(Materie)支撑规范意图(Regelungsversuch)。这一缺陷使其难以对抗法官法和学说根据现行司法政策进行法之续造。无行为能力社团、事实团体与劳动关系(die faktischen Gesellschafts-und Arbeitsverhältnisse)[与此相反,事实合同(faktischen Vertrag)总体上仍然是一个没有完全澄清的问题[27]]的产生,为事理结构的这种穿透力(Durchschlagskraft der Sachstrukturen)提供了一个众所周知的实际证明。

无论如何,意思表示的效力看起来并不是绝对的,而且最终也并不取决于立法者的肯定或者否定。

Ⅳ

1. 拉伦茨著作的第三部分(第70页至第106页)是其新学说的实际运用。当时他仍然基于实证主义法学的精神,尝试通过对制定法规范进行不矛盾的澄清以检验他的效力论。然而,正如我们下面将要指出的,正是这种尝试遇到了巨大的困难。这个检验看起来也没有更多地证实效力论的核心内容,而更多的是证实了拉伦茨的两个前设,在我看来这两个前设对于(正确)理解作为效力行为的意思表示并不是必要的:在第一个假设中,意思表示的效力必定拥有必要的、超个人的、因而也是“规范的”和普遍的特征;在第二个假设中,意思表示(在意图与含义相互矛盾的情况下)从来不拥有“原意”

---

〔26〕 与他有关的仅相对强制的事实逻辑结构(bloß relativ bindenden sachlogischen Strukturen)与实质强制原则(zwingenden materialen Prinzipien)之间的差异分析,参见 Naturrecht u. mat. Gerechtigkeit,4. Aufl. 1962,S. 244 Anm. 11。

〔27〕 参见后文第Ⅴ3部分。

(„gemeinte“),而始终只拥有为客观化的社会圈子所拥有的含义。

对于效力动作的本质与客观的解释任务的关联,拉伦茨(接近于“国家的效力赋予”的条件)在标题为“表示含义之可归责性”的部分(第70页)已经为其设置了前提(Prämisse),即法律解释的目标是将法律后果归责到意思表示被发现的含义上。在这种情况下,显然需要进一步分析(而拉伦茨没有)。即不能仅由解释来确定的意思表示(在拉伦茨的效力动作意义上的意思表示)究竟是否存在。解释与符号(Zeichen)的可能含义并不相关,但含义会与表象(Erscheinung)相关,如果表意人完全不将他自己与某个意义相联结,那么应当发生的效力(Geltensollen)就完全不会产生。这就是所谓的缺乏表示意识的情形,这种情形下首先应当问的是,解释是否找不到作为其对象的某个可归责的效力表示(见后文第4段)。然而,一个人的表示意识以及由其决定的当为表示究竟是否存在,根据拉伦茨的观点,当然取决于被归责的法律后果是否符合被解释所查明的含义。

2. 由于拉伦茨(大概基于他的法哲学基本观念)仍然始终赋予效力表示以规范的,也就是普遍的客观性*,他也总是用某个客观的社会圈子[例如民族语言共同体、某个区域或地区语言习惯承受者、当事人行为圈子(Geschäftskreis),在这些圈子中某个“交易习惯”、更准确地说是某个特定的语言习惯是否有效[28]]来破解意思表示的含义密码(Bedeutungscode)。但是,这是否也适用于当事人属于两个群体的情形?例如,一个瑞士人和一个法国人在德国用“法郎”(„Franken“)缔结合同[29]。此外,相对人没有按在某

* 原文正文此处共有两个注释〔27〕,后一个注释并无内容,应是同引第一个注释〔27〕。——译者注

〔28〕 关于该人际圈子与某种特定(人的)意识的似乎确定无疑的理解之关系,参见前文Ⅲ 2 c结尾部分,另参前文注释〔20〕。

〔29〕 准确的相应案例(nach H. Lehmann)参见Bailas书,第51页;附注:事先就表明全部的具体沟通情形是不可能的。

个客观化的社会圈子中有效的、“规范的”表示意义去理解意思表示，而是恰好并且仅仅正确辨识了的误言(falsa demonstratio)，以及协商一致的密语(Codeworte)(RGZ 66,427 „Quadratfuiß“；RGZ 99,147 „Haakjöringsköd“；RGZ 66,6 ff.[30] „Semilodei-Fall“)，有必要来解释其无可置疑的效力吗？另外，如果误言不能用共同错误描述(kollektive Fehlbezeichnung)(„Akazien“—„Robinien“*)来处理，那么结果必定就是误言一点都不重要。用各方当事人之间(inter partes)自创的空想密码(Phantasie-Code)来交流也必定是始终不被允许的。

尽管拉伦茨承认表意人意思的局限性，甚至也明确抵制客观解释论(和信赖论)对相对人理解的“片面剔除”(„einseitige Abstellen“)(第 73 页)。但是，如果表意人从来“不为他的表示中不可能包含的含义和意外的含义负责”(第 73 页；这里涉及底层/一层的案例)，那么，这与拉伦茨所要求的准确含义的规范化是否协调一致？很明显，作者(Vf.)**试图通过各个“当事人个别化的理解可能性”在个人的表示含义与规范的表示含义之间搭起沟通的桥梁——很清楚的是，只要当事人有各自的理解就必定满足这一要求了。此外，他还恰当地[31]借助于诚实信用原则，解决了禁止相对人否定已被其辨识出来的含义(Unzulässigkeit der Ablehnung)的问题。然而，信赖论对此正好可以发挥作用，而这从效力表示的客观化中是不能推论出来的，在这种情况下，相对人恰好可以信赖不“客观的”含义。

---

〔30〕 对这两个案例的详述，参见拜拉斯前引书第 52 页及以下；关于 „Semilodei“案例(在错误传达的视角下)，参见第 62 页及以下。

* 两者都可指洋槐树。——译者注

** 本评论所指作者均指拉伦茨。——译者注

〔31〕 反对厄尔特曼在《民法实务档案》第 117 卷第 304 页的观点，后者坚持客观含义，并在特定情况下允许双方撤销(参见拉伦茨本书第 75 页注释〔2〕)。

3. 这些假设导致了对不需要受领的［实际上是：遗嘱性的（letztwilliger）］意思表示解释上的极大困难。作者在这里符合逻辑地认为，“特定社会圈子的通常认知”（第 80 页）具有决定性。实际上，这里应当选用主观解释，更准确地查明立遗嘱人最个人的和最特殊的意见，只要这些看法总体上是语境所能够覆盖到的，并且这些看法不是以罗马法学家所批驳的“纯粹专断的臆测”〔32〕为根据。对于另外两个限制，即遗嘱“必须在立遗嘱人所在的狭窄生活圈子中进行毫无含糊的理解”（第 81 页），“立遗嘱人的特别语言习惯能够（！）在这种范围内得到考虑，即立遗嘱人周围的人（Umgebung）熟知这种特别语言习惯，并因此期待按这种语言习惯理解”。〔33〕（同页）我看不出［当然继承契约（Erbvertrag）始终除外］它们有多少存在理由。作者承认，《德国民法典》第 2084 条遵守的是与其相反的原则。基于同样的理由，我总体上认为，他对《德国民法典》第 133 条的解释是站不住脚的：“意思表示意义的探寻，应当将表意人视作可理解的主体”（第 77 页）——但同时，对于指向特定相对人的表示（尤其是合同表示），应当“双方当事人一致的原意……优先于不言而喻的客观含义”（第 79 页）。这

〔32〕 Q. Mucius Scaevola bei Cicero, Brutus 195: „Captiosum esse populo... opinione quaeri voluntates...“

〔33〕 但是，在立遗嘱人个人的语言习惯的案例中，实际上很多并不必要通过社会圈子的见解来证明。个人的语言习惯同样能够通过立遗嘱人的记录（Aufzeichnung）或者完全陌生人的消息（Mitteilung）进行证实。——众所周知，罗马法学家已经讨论过这一问题了，特别参见 D. 33, 10, 7, 2 Servius/Tubero/Celsus：一个东西（Ding）按通行的语言习惯（usus communis）不是指家用器具（suppellex），但立遗嘱人自己却在家庭财产目录中将其列为一项（ratio），这个东西是否被纳入了遗嘱？（同时参见 D. 34, 2, 33 的类似问题）。这个争议由于势均力敌的观点众多，人们没有达成一个系统的解决方案，也没有形成一个决定性的裁决，仅参见 Gandolfi, Sulla interpretazione degli atti negoziali nel diritto romano, Milano 1966, und dazu etwa Wieacker, Z. d. Savignystiftung, Roman, Abt. 83（1966），439 f。

当然是正确的，但其所导致的结果却是，不需要受领的意思表示不可能会使相对人的期望落空，因而应当对需要受领的意思表示进行更严格的客观评价！我猜想，这一悖论是作者的这一假设的结果，即基于“效力”(„Geltung“)概念，意思表示之“效力”必定是从该意思表示某个含义的普遍效力(allgemeine Geltung)中产生出来的。

4. 对效力论的最严峻的考验，放在了对所谓的表示意识缺乏的详细考察上(第82页以下)。我已经注意到(见本文第Ⅳ部分第1段)，这一问题所涉及的不是含义解释问题，因为在多数情况下表示的外在含义都是清楚的，根本不需要解释。确切地说，其涉及的问题是，毫不含糊的表示究竟是否应当被归责。拉伦茨只在解释问题上谈到了这种情况，因为他认为，如果表示意识的缺乏是个别情形下的“疏忽和粗心”所致，那么对含义就已经进行了全面归责。我认为，无论是根据现行法还是根据应然法(de lege ferenda)这都是不合理的。在恶名昭著(berüchtigten)的特里尔葡萄酒拍卖案中，如果这个不幸的外乡人原来就知道这个拍卖习惯，他是否就真的应当拿走那一桶摩泽尔葡萄酒并付款？在这种情形下，通过类推《德国民法典》第122条并联系第118条，可以发现相反的结论，即可以要求他进行信赖损害赔偿(只要拍板的拍卖商不必定会认识到这个外乡人缺乏表示意识的话，结论就是如此；参见第122条第2款)。由于拉伦茨没有适用第119条，因而他就不可避免地会得出同一结论。[34]

---

[34] 引人注目的是，拉伦茨当时并没有深入研究，实证主义只能在如下前提下才能理解《德国民法典》第119条至第122条的复杂规定，即相对人对于效力期待(Geltungserwartung)落空的责任只限于信赖损害。与拉伦茨持类似观点的还有Henle，Oertmann，v. Tuhr und Manigk(vgl. die Nachweise bei Larenz S. 85 Anm. 1)。同时，拉伦茨有关语言交流学说的观点近来产生了更大的影响，参见Bailas aaO S. 59。他也必须限缩违反第118条规定的情形，在这些情形中，相对人确实没有辨识出表示缺乏严肃性——对此，正如第118条所承认的那样，其仅仅适用于显而易见地缺乏严肃性的情形。

支持其观点的实际例子是著名的第 118 条。作者符合逻辑地观察到,“没有有说服力的法哲学根据证明第 118 条的规定与通常的规则发生了背离”,他因此不再将他的理论适用于类似的其他缺乏表示意识的情形(第 86 页)。他发现,第 122 条所规定的损害赔偿(而不是他所要求的法律行为后果的完全归责)“是一个更具技术性的规则”。将研究著作的目标设定为从制定法规范的逻辑—体系关系中提取出解释的原则,[35] 这不能说是合理的。事实上,第 118 条和第 122 条刚好阐明了制定法规范机制(Regelungsplan)的模式,即缺乏表示意识的外在表示根本不能作为效力行为而被归责。因而根本就不存在要对其进行解释的问题。

5. 作者在第二部分已经很有说服力地指出,真意保留(《德国民法典》第 116 条第 1 句)对于效力论并不具有多少重要性。事实上,真意保留是其效力行为之特征的最佳且主要的证人(Kronzeuge)。因为被秘密保留(geheime Vorbehalt)的真正的意图是以表示的应然效力为前提,而对意思论而言,真意保留所缺乏的效果意思和负担义务的意思是其不可消除的困难所在。

与此相反,被识破了的真意保留其意思表示无效(第 116 条第 2 句),对效力论而言,是一个更坚硬的“试金石”:因为它在这里也同样缺乏有约束力的当为表示,同时被表达的乃至被保留的意思都是拉伦茨所主张的客观的表示意义。然而,第 116 条第 2 句与这一假设并不一致,即意思表示永远只有在可归责于表意人(抑或必定归责于表意人)的客观含义上才有效。事实上,拉伦茨对不切实际的实证现象(positive Phänomen)的分析极其深刻。他认为第 116 条第 2 句是由于立法者对意思教条(Willensdogma)的偏袒所致(但对于这种制定法规范机制在立法史上的权威阐释,

〔35〕 同样值得怀疑的是,拜拉斯前引书第 61 页也把第 118 条的产生归于一种“对真正问题的误解”之上。

拉伦茨根本没有提出修正意见)。该规定与表示责任基本观念(Grundgedanken der Erklärungsverantwortung)、“立法精神”(!)和法理念并不一致,法官甚至都应当考虑不适用它(第 89 页)。

可以确定的是这是一个几乎没有一致性但有约束力的制定法构造。而且我担心人们对这个重磅炸弹没有给予足够的重视,即在第 116 条第 2 句的典型和实际的案例中,不是愚蠢的表意人否定他的允诺,而是相对人充分利用表意人被识破了的社会或“道德”困境(而这根本不是违法威胁,被识破了的真意保留在表意人那里不过是一个独特的例子):书商在书店里当着教授同事的面向这个爱面子(gleisnerisch)的教授就其著作的出版提出报价,因为他知道,这个受害者出于礼貌是“不能”拒绝他的报价的(并且教授也难以编造出借口进行搪塞)。如果这里的道德非难是妥当的话,那么就可以更容易地打击进行困境投机的相对人。

如果相对人自己没有道德上的理由,即使在表示中存在表意人被识破的真意保留,那么当然就没有表示责任的问题了。换言之,如果表示的客观诠释意义(Bedeutungssinn)都损害双方当事人的话,并不存在显而易见的理由要对根本没有信赖表示之效力的相对人进行赔偿。受实证主义强烈影响的拉伦茨在 1930 年承认,立法者没有正确阐明的意思表示仍然一直保有“效力表示的意义”,只是实证法还没有如此承认罢了(他在第 89 页如此确定的指出)。[36]

6. 最后,作者转向了所谓的补充解释的研究(第 92 页至第 106 页)[37]。我个人同意亨克尔(Henckel)[38]的观点,即教义经济

〔36〕 对此作者提到了恩内克策鲁斯的评论,“很难避免涉及制定法的语言习惯,表面的意思表示偶尔像第 105 条第 2 项的规定那样被描述。”(拉伦茨,第 87 页注释〔1〕)

〔37〕 可参见拉伦茨:《债法教科书》I,1967 年第 8 版,§8 II,第 67 页。

〔38〕 Die ergänzende Vertragsauslegung AcP 159(1960),S. 106 ff.

学之基础(Gründe der dogmatische Ökonomie)所传递出来形象(Figur),已经完全被《德国民法典》第242条有关给付义务的客观规定所取代,特别是因为今天温和的实证主义者对这种法定的合同补充都没有任何不满。拉伦茨在1930年就已经强调指出对当事人意思的假设会导致方法论上的不诚实(Methodenunehrlichkeit),因为至少在合同被补充的部分(有争议的部分),所补充的合同义务可能正好不是当事人所“意欲的”(„gewollt”)(尽管是当事人所“必定意欲”的)。同时,根据拉伦茨的观点,无论如何也不存在撤销被补充的表示的问题[39]。特别是,正如厄尔特曼所正确观察到的是(拉伦茨也赞同,第95页),在对复杂的系列合同(Vertragswerk)进行解释时,并不能从当事人单独的意思表示中推导出什么“客观的合同意义”。无论如何,对于解释和合同的司法补充(richterlich Vertragsergänzung)而言,“交易习惯”和“诚实信用原则”可以确保它们的评价标准实现令人向往的统一——《德国民法典》第157条和第242条的标准也可能被改变(拉伦茨在第105页对此进行了准确的阐释)。

看起来这些就是拉伦茨的全部观点——这些观点在他今天的“债法”中可能比1930年更加明确。尽管拉伦茨今天和那时候所建议的,不是要抛弃《德国民法典》第157条的补充解释,而是(他对依据《德国民法典》第242条的规定进行过分自由的合同司法变更,做了合理保留)相信能够从合同伙伴的意思中推导出一个“客观的合同意义”,尽管合同伙伴的这个意思不是“经验的”而是(黑格尔式的)理性的意思。众所周知,拉伦茨也强调了合同目的是客观的法律行为基础,他的前述信赖在他近来的法哲学基本立场中是有根据的。但无论如何,查明被符号所表达出来的含义,即

---

〔39〕 拉伦茨现在持这种观点,参见《债法教科书》I,第8版,第89页注释〔1〕;旧观点仍见于本书第94页注释〔2〕。

解释,如同所谓的补充解释一样,都已经没有更多的空间了。

1. 这本时间超过一代人的著作,其未修正的新印本是其影响和价值的“试金石”。这本表面有不足但根本妥适的著作经受住了收藏的考验。当时交出的这本教授资格论文,其内容之厚重和概念之严谨给人们留下了深刻印象。它对被审慎选择的、那个时代的学术观点的批评性分析,已经显示了其独立性和判断的妥适性,这使作者在今天成为严格的体系性民法方法(streng systematischen zivilistischen Methode)的最著名代表。在此期间,这本重要著作有意通过超实证主义的结构分析来发展其效力论,它今天已经成为法学基础研究必不可少的核心内容。这一理论今天在很大程度上已经获得了承认,正如拉伦茨适度满意地将其作为自己成就[40]。这个未修正的新印本不仅为一直被问到的问题(参见第107页),而且也为持续的现实问题及其解决方案进行了辩护。

2. 其所提出的开放式问题仍然是效力表示论与解释论的关系问题,表示论阐述的是法律后果的归责理由,解释论涉及的是意思表示含义之澄清。根本性的问题是,拉伦茨是否成功地阐明意思表示自身是意思的唯一承载者且归责和解释同时发生,或者是否在拉伦茨的当为表示中,依然没有残留的意思要素(Willenselement),该意思要素已经存在于语词符号所表达的含义之中,甚或在语词符号中并非没有残留物。尽管拉伦茨(第69页)首先在原则上(我认为是恰当地)就指出,解释和意思并不相关,解释也与意思和表示两者的关系无关。但是,这个印象仍然占据上风,即正是拉伦茨关于效力动作的“情绪”或“意志”特征的观点,妨碍了效力动作自身在它的“客观的”表示意义上的完全生成(reinen Aufgehen),因此,经典意思论的残渣(Rückstand)仍然和信赖客观含

〔40〕 第107页(后记部分):“它在迄今为止的著作中找到了入口”(附注尼佩代、杜尔凯特和弗卢梅)。

义的观点,和表示责任的观点交织在一起。另外,意思表示作为效力动作的结构、法律行为之法律后果的归责,以及解释的标准这三者之间的关系并没有得到令人信服的证明,而这三者之间的关系正是该著作的研究意图之所在。这些困难可能是因为作者沉迷于第三部分的应用,并且将效力瑕疵问题的鉴别,太快地回溯至表示含义查明问题本身上去。

3. 在今天看,这个发表于 1930 年且被视为是这方面经典的著作,明显决定了上一代人的民法学方法转换的程度和方向。作者在现在的后记中已经考虑不断的抛弃制定法实证主义(制定法实证主义可能是好的也可能是坏的)。现代民法学研究对比较法的、社会学的和部分实用主义的思考,在当时还很遥远。虽然作者完全开放地对待它们,但与今天相比仍然有明显差距。尤其是解释这个主题今天发生了很大的变化,(福斯特霍夫与科因)将一般诠释学的知识引入法学上的方法论意识(juristische Methodenbewußtsein)为这种变化铺平了道路。在此期间,社会和经济现实以及社会意识的变化,影响了法律行为与合同学说的原本内核,今天,该学说的内核主要存在于有关事实合同(faktischen Verträge)或者社会典型行为等专业法律词句的讨论之中。合同关系成立基础之双轨制,即通过法律行为或者通过社会接触("社会典型行为")成立合同,已经被司法判例部分实践,且已被学理所承认。但上述双轨制却(以尚未被完全意识到的程度)打破了民事法律秩序的体系偶然性(Systemkontingenz),并使法律行为封闭的先验概念成为问题,而此先验概念恰是这本 1930 年的著作之前提。

拉伦茨现在的债法开启了自觉维护传统意识之法学(traditionsbewußten Rechtswissenschaft)的变革之路。与此同时,弗卢梅的"法律行为"仍然坚持经典法律行为学说的方法统一,仍然强调法律行为的显著法政策依据和明显的精神学科性质,拉伦茨现在直截了当地承认他与弗卢梅在这个问题上分道扬镳。[41] 人们很容易期待在一个开放系统中采取部分实用主义的观点,但是根据其《方法论》* 拉伦茨更可能是采取了与此对立的立场。如果他仍然支持法律行为和社会典型行为的二元论,那么他支持的最终动机可能不是对他过去提出且现在仍然辩护(参见第 107 页)的效力说、至少不是对原来范围内的效力说在其方法论上的彻底坚持。

是否无论如何双轨制都是可能的,只能在原则讨论(Grundsatzdiskussion)的进展中才能发现。批评者一定会满足于大致的勾画,他们个人不可避免地会返回到"一元论"(„monistische") 的合同学说。[42] 我认为一元论是即将到来的、对民法学在方法上的贡献能力的一种考验。需要持续关注拉伦茨效力论的这种学说构造。也就是说,它首先要进行重大澄清,意思表示不能再被理解为是先于且独立于该通知而存在的当事人意思的通知,而应当理解为法律行为的社会目的(soziale Intention)在表示动作中的自我直接现实化。

---

〔41〕 新近可参见《债法教科书》Ⅰ,第 8 版,第 33 页及以下。

* 指拉伦茨的名著《法学方法论》一书。——译者注

〔42〕 我曾经尝试在 Willenserklärung u. sozialtzpisches Verhalten. Göttinger Festschr. f. d. OLG Celle, Göttingen 1961 S. 280 ff. 概述我的"一元论"观点。它一方面以这个前提为根据,即一个在方法上负责的教义学(methodisch verantwortliche Dogmatik)不能以当前合同关系形成之理由的双轨制为根据,但另一方面,它不能避免对经典意思论的革新(如弗卢梅尝试为意思表示注入更大的精神因素):它通过对赖纳赫、拉伦茨、拜拉斯和其他人的不同方法的超越获得这种洞察(Einsicht),即意思表示不是意思通知,而是法律直接建立的效力行为(Recht unmittelbar konstituierender Geltungsakt),缔结合同不仅仅是表示交流(Erklärungsaustausch),而且也是语言相互理解的沟通行为。

译后记

译事艰难,殊不为易,有必要絮言几句。且翻译过程中得到前辈和先进学人的帮助良多,须致以最高的谢忱。

缘起。之所以选择翻译拉伦茨《法律行为解释之方法——兼论意思表示理论》一书,译者主要有以下几方面的考虑:一是我国有关法律行为理论的系统性著作和译著不多,这与法律行为在民法和民法学中的核心地位不相称;二是在法律行为理论发展过程中,拉伦茨所提出的“效力表示说”,其理论地位至今未被动摇,译介他对该理论的系统分析之作即本书显有必要;三是拉伦茨和弗卢梅两位民法学家围绕法律行为曾展开过激烈的交锋,在弗氏《法律行为论》已出版的情况下,若能有拉伦茨有关法律行为的译著与之对照,对我国民法研究当有相当助益;四是该书篇幅不大,而译者受国家留学基金委的资助,正好在马克斯·普朗克比较私法与国际私法研究所有一年的研究时间,该书的篇幅正好适合在此期间完成本书的草译。

经过。2014 年译者完成草译后即回国,回国后教学科研工作和其他琐事致译稿的修订和校对工作几乎陷于停顿。幸赖柳经纬教授推荐以及米健教授同意和张彤教授的努力,该译著得以纳入“当代德国法学名著”丛书,这使译者获得了强大的修订动力,同时为确保翻译品质和尽快出版,邀请曾经的学生兼好友吴训祥共襄此事,他在我初译稿和第一次修订稿的基础上进行了几乎全面的修订,然后我在此基础上又再次修订并最终形成了较为成熟译稿。后有幸得邵建东教授大力且全面的斧正和悉心校对,我们在邵老师修改的基础上又进一步进行了文稿打磨,终成此书。

致谢。本译稿,第一个需要感谢的是邵建东教授,邵老师在繁忙的公务和学术研究之余对译稿的全面斧正,使译稿的硬伤得以减至最低,前辈学人对我等后学的提携与支持让我们深为感动和感激!同时感谢米健教授、张彤教授和柳经纬教授,没有他们,本译将难以面世。在本书翻译过程中,薛军教授、王洪亮教授、吴香香教授、张双根教授、许德风教授、何其生教授以及汉堡大学博士候选人杜如益同学等提供了各种形式的帮助,不仅使本书在关键问题上得以减少差错,而且使译者获得许多教益。还要感激马克斯·普朗克比较私法与国际私法研究所的 Jürgen Basedow 教授和 Reinhard Zimmermann 教授,使我有机会在该研究所进行本书的草译工作并参与有关学术活动。

责任。本书内容精深,加之译者学识不足,虽有邵建东老师的悉心校对和精当斧正,但本书的翻译硬伤与不当之处亦在所难免,这些错误理应由译者承担全部责任,请方家和读者不吝批评指正,以便在再版时予以修正。我的邮箱是:lawyerff@ 163. com。

范雪飞
2018 年 3 月

“当代德国法学名著”计划书目

法哲学·法律理论·法律史

1. 恩吉施:法律思维导论
   K. Engisch:Einführung in das juristische Denken
2. 哈腾豪尔:德国法的思想史基础
   H. Hattenhauer: Die geistsgeschichtlichen Grundlagen des deutschen Rechts
3. 雅科布斯:规范·人格体·社会——法哲学前思
   G. Jakobs: Norm, Person, Gesellschaft-Vorüberlegungen zu einer Rechtsphilosophie
4. 耶林:为权利而斗争
   R. v. Jhering:Der Kampf ums Recht
5. 考夫曼:后现代法哲学——告别演讲
   A. Kaufmann:Rechtsphilosophie in der Nach-Neuzeit
6. 考夫曼/哈斯默尔:当代法哲学和法律理论导论
   A. Kaufmann/W. Hassemer: Einführung in Rechtsphilosophie und Rechtstheorie der Gegenwart
7. 耶林/贝伦茨:法学是一门科学吗?
   R. v. Jhering/ O. Behrends: Ist die Jurisprudenz eine Wissenschaft? - Jherings Wiener Antrittsvorlesung vom 16. Oktober 1868. Aus dem Nachlaß herausgegeben und mit einer Einführung, Erläuterungen sowie einer wissenschaftsgeschichtlichen Einordnung versehen von Okko Behrends

8. 拉德布鲁赫:社会主义文化论
G. Radbruch:Kulturlehre des Sozialismus
9. 萨维尼:历史法学派的基本思想
F. C. v. Savigny:Grundgedanken der historischen Rechtsschule
10. 齐佩利乌斯:法学方法论
R. Zippelius:Juristische Methodenlehre
11. 韦森贝格/韦森纳:晚近德国私法史
G. Wessenberg/ G. Wesener:Neuere deutsche Privatrechtsgeschichte
12. 菲韦格:论题学与法学——论法学的基础研究
T. Viehweg:Topik und Jurisprudenz-Ein Beitrag zur rechtswissenschaftlichen Grundlagenforschung
13. 拉德布鲁赫:法学导论
G. Radbruch:Einführung in die Rechtswissenschaft
14. 克卢格:法律逻辑
U. Klug:Juristische Logik
15. 诺伊曼:法律论证学
U. Neumann:Juristische Argumentationslehre
16. 卡纳里斯:法学中的体系思想与体系思维
C. W. Canaris:Systemdenken und Systembegriff in der Jurisprudenz, entwickelt am Beispiel des deutschen Privatrechts
17. 拉伦茨:法律行为解释之方法
K. Larenz:Die Methode der Auslegung des Rechtsgeschäfts

民商法·经济法

18. 鲍尔/施蒂尔纳:德国物权法(上、下册)
F. Baur/R. Stürner:Sachenrecht
19. 卡纳里斯:德国商法
C. W. Canaris:Handelsrecht
20. 弗卢梅:法律行为论
W. Flume:Allgemeiner Teil des Bürgerlichen Rechts, zweiter Band,

Das Rechtsgeschäft

21. 卡泽尔/克努特尔:罗马私法

M. Kaser/R. Knütel:Römisches Privatrecht

22. 克茨:欧洲合同法(上卷)

H. Kötz:Europäisches Vertragsrecht

23. 拉伦茨:德国民法通论

K. Larenz:Allgemeiner Teil des Deutschen Bürgerlichen Rechts

24. 梅迪库斯:德国民法总论

D. Medicus:Allgemeiner Teil des BGB

25. 梅迪库斯:德国债法总论

D. Medicus:Schuldrecht Ⅰ (Allgemeiner Teil)

26. 梅迪库斯:德国债法分论

D. Medicus:Schuldrecht Ⅱ (Besonderer Teil)

27. 施密德:德国公司法

K. Schmidt:Gesellschaftsrecht

28. 施瓦布:德国民法导论

D. Schwab:Einführung in das Zivilrecht

29. 齐默尔曼:债法——民法传统的罗马法基础

R. Zimmermann: The Law of Obligations-Roman Foundation of the Civilian Tradition

30. 梅迪库斯:请求权基础

D. Medicus: Grundwissen zum Bürgerlichen Recht-Ein Basisbuch zu den Anspruchsgrundlagen

31. 施瓦布:德国家庭法

D. Schwab:Familienrecht

32. 齐默尔曼:德国新债法——历史和比较的视角

R. Zimmermann:The New German Law of Obligations-Historical and Comparative Perspectives

33. 里特纳:欧洲与德国经济法

F. Rittner:Europäisches und deutsches Wirtschaftsrecht

34. 施瓦尔贝/齐默尔:卡特尔法与经济学

U. Schwalbe/ D. Zimmer: Kartellrecht und Ökonomie: Moderne ökonomische Ansätze in der europäischen und deutschen Zusammenschlusskontrolle

35. 科英:欧洲私法

H. Coing:Europäisches Privatrecht

36. 弗莱斯纳:国际私法中的利益法学

A. Flessner:Interessenjurisprudenz im internationalen Privatrecht

37. 瓦尔特曼:德国劳动法

R. Waltermann:Arbeitsrecht

38. 莱波尔德:德国继承法

D. Leipold:Erbrecht

刑法·行政法·国家法·宪法

39. 齐佩利乌斯:德国国家学

R. Zippelius:Allgemeine Staatslehre

40. 毛雷尔:行政法学总论

H. Maurer:Allgemeines Verwaltungsrecht

41. 韦塞尔斯:德国刑法总则

J. Wessels:Strafrecht, Allgemeiner Teil

42. 施莱希/科里奥特:德国联邦宪法法院:地位、程序与裁判

K. Schlaich/S. Korioth: Das Bundesverfassungsgericht Stellung, Verfahren, Entscheidung

43. 舍恩克/鲍尔/施蒂尔纳/布伦斯:德国强制执行法

A. Schönke/ F. Baur /R. Stürner /A. Bruns: Zwangsvollstreckungsrecht

背景系列

44. 雅科布斯:十九世纪德国民法科学与立法

H. H. Jakobs: Wissenschaft und Gesetzgebung im bürgerlichen Recht nach der Rechtsquellenlehre des 19. Jahrhunderts

45. 克斯勒:马克斯·韦伯的生平、著述及影响

D. Käsler: Einführung in das Studium Max Webers

46. 考夫曼:古斯塔夫·拉德布鲁赫传——法律思想家、哲学家和社会民主主义者

A. Kaufmann: Gustav Radbruch-Rechtsdenker, Philosoph, Sozialdemokrat

47. 克莱因海尔/施罗德:九百年来德意志与欧洲法学家

G. Kleinheyer/ J. Schröder: Deutsche und Europäische Juristen aus neun Jahrhunderten

48. 克尼佩尔:法律与历史——论《德国民法典》的形成与变迁

R. Knieper: Gesetz und Geschichte-Ein Beitrag zu Bestand und Veränderung des Bürgerlichen Gesetzbuches

49. 格林德曼/里森胡贝尔:二十世纪的德国民法学家

S. Grundmann/ K. Riesenhuber: Deutschsprachige Zivilrechtslehrer des 20. Jahrhunderts in Berichten ihrer Schüler 1-Eine Ideengeschichte in Einzeldarstellungen

图书在版编目（CIP）数据

法律行为解释之方法：兼论意思表示理论 /（德）卡尔·拉伦茨著；范雪飞，吴训祥译.-- 北京：法律出版社，2018（2025.5重印）
（当代德国法学名著）
ISBN 978-7-5197-2368-2

Ⅰ.①法… Ⅱ.①卡… ②范… ③吴… Ⅲ.①法律行为—研究 Ⅳ.①D90

中国版本图书馆CIP数据核字（2018）第127145号

法律行为解释之方法
——兼论意思表示理论
FALÜ XINGWEI JIESHI ZHI FANGFA
——JIANLUN YISI BIAOSHI LILUN

［德］卡尔·拉伦茨 著
范雪飞 吴训祥 译
邵建东 校

责任编辑 韩满春
装帧设计 李 瞻

出版发行 法律出版社
编辑统筹 学术·对外出版分社
责任校对 李景美
责任印制 胡晓雅 宋万春
经　　销 新华书店

开本 A5
印张 5.125 **字数** 114千
版本 2018年7月第1版
印次 2025年5月第5次印刷
印刷 三河市龙大印装有限公司

地址：北京市丰台区莲花池西里7号（100073）
网址：www.lawpress.com.cn
投稿邮箱：info@lawpress.com.cn
举报盗版邮箱：jbwq@lawpress.com.cn
销售电话：010-83938349
客服电话：010-83938350
咨询电话：010-63939796
版权所有·侵权必究

书号：ISBN 978-7-5197-2368-2 **定价：**35.00元
凡购买本社图书，如有印装错误，我社负责退换。电话：010-83938349